E. JEANNIARD
Vérificateur des Poids et Mesures
à VESOUL

# MÉTROLOGIE USUELLE



## Petite Etude Pratique

SUR

La Construction et la Vérification

DE LA

# BALANCE ROBERVAL

1922

# Introduction



La balance Roberval est construite sur un principe d'équilibre qui a été énoncé dès le XVII$^e$ siècle par Roberval, et qui est connu sous le nom de Paradoxe Statique.

L'explication de ce principe a été donnée, d'une part, par d'Alembert, dans l'Encyclopédie du 18$^e$ Siècle, à l'article Levier, et d'autre part, par Poinsot, dans ses Eléments de Statique (Voir notamment 7$^e$ Edition, 1837, page 331).

La théorie de la balance Roberval a été reprise et complétée par deux vérificateurs des poids et mesures dont nous nous faisons un devoir de citer les noms :

M. J. S. Lucciardi, Traité sur la Balance, 1899 ;

M. J. M. Anger, Monographie de la Balance Roberval 1906.

D'autre part, la question de la Roberval a été étudiée complètement par M. Bonneau, vérificateur, dans son savant ouvrage : Instruments de pesage à systèmes articulés, Première Partie : Balance Roberval, 1908.

Citons aussi l'utile contribution de M. Rambaud : Notice pratique sur la Construction, l'ajustage et la vérification des Instruments de pesage-types. 1911.

L'étude de tous ces ouvrages est indispensable à tous ceux qui veulent bien connaître la balance Roberval.

Le présent travail n'a aucunement la prétention d'apporter quelque chose de nouveau dans la question de la Roberval. Il a seulement pour but de fixer, en un résumé succinct, les notions connues concernant la fabrication et la vérification de ces sortes de balances. On y trouvera en outre les observations pratiques qu'a suggérées l'expérience dans le centre le plus important de France pour la vérification des balances Roberval.

Cette étude est destinée spécialement à aider à l'éducation professionnelle des agents devant collaborer à la vérification première dans le centre de vérification de Vesoul, et à créer entre eux un lien de doctrine.

# TABLE

# CHAPITRE 1

## Théorie

Pour l'explication de la théorie de la Balance Roberval, c'est-à-dire, en fait, du paradoxe statique, nous ne pouvons mieux faire que de renvoyer les lecteurs aux explications originales données par d'Alembert et Poinsot. Ceux d'entre eux qui n'auront pas en mains les ouvrages de ces deux auteurs, trouveront dans le livre de M. Bonneau page 147 et suivantes la reproduction de ce qu'ont écrit les deux savants sur le sujet.

L'explication que nous allons donner ci-après a été élaguée à dessein de tous les développements mathématiques qui ne sont pas indispensables, dans la pratique pour comprendre ce qu'il est utile de savoir pour bien ajuster et bien vérifier une balance Roberval, ce qui va suivre, c'est ce que doivent savoir, au moins, un bon ajusteur et un vérificateur.

### Le Paradoxe Statique

Soit un parallélogramme déformable ABCD formé de deux leviers AB et CD égaux, oscillant autour des deux axes O et O' placés en leur milieu, et réunis par les deux tiges AC et BD articulées sans frottement avec les extrémités des deux leviers. Les tiges sont prolongées en haut et supportent deux branches EF et GH liées invariablement et d'équerre avec les deux tiges, le tout dans un même plan vertical. Le système est supposé construit de manière qu'étant en équilibre autour des axes O et O', les leviers soient horizontaux.

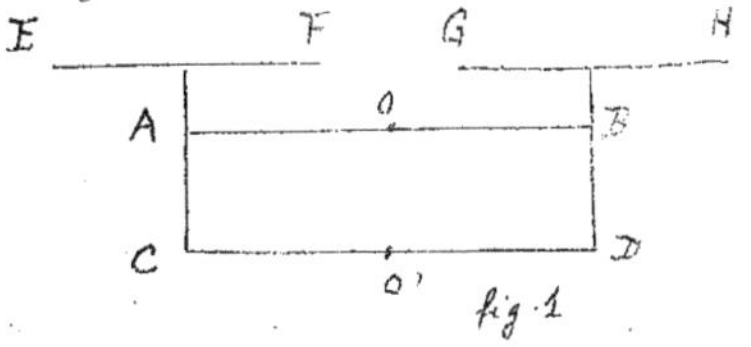

E F G H
A O B
C O' D

fig. 1

P P'
A O B
C O' D

fig. 2

Si l'on place deux masses égales P et P' sur le prolongement des deux tiges AC et BD (fig. 2) ces deux masses se font évidemment équilibre, leurs moments par rapport aux axes O et O' étant égaux, et les deux leviers restent horizontaux.

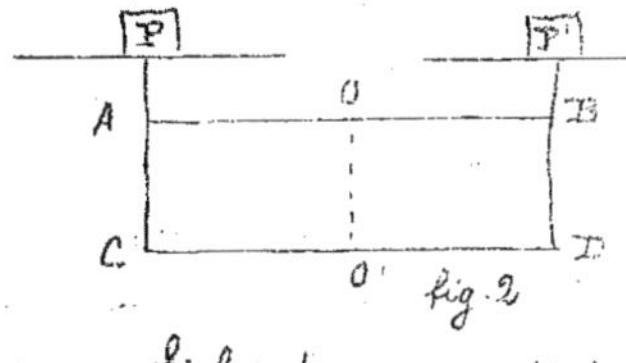

Si les deux masses égales sont placées, l'une sur le prolongement de la tige AC comme ci-dessus, l'autre en H à l'extrémité de la branche GH (figure 3), on constate que les deux masses se font encore équilibre. Il semble cependant que le bras de levier de la masse P' soit devenu égal à O H et que son moment soit P' x O H, par conséquent que cette masse doive faire tomber le système articulé du côté de droite. Il n'en est rien cependant, et c'est ce phénomène bizarre en apparence, qui a reçu le nom de Paradoxe Statique. Voici l'explication du phénomène.

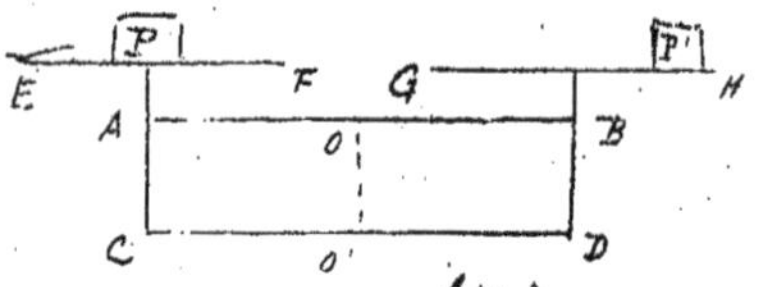

fig 3

Soit la droite HP' représentant, en longueur et en direction la force de la masse P' appliquée en H (fig. 4). Cette force peut être décomposée en deux autres situées dans le plan de la figure, par exemple HI et HK, dont l'une HI soit dirigée dans le prolongement de GH, et l'autre dans la direction HD. La force HI est annulée par la résistance de l'articulation B, et l'ensemble se comporte comme si la force HP' était remplacée par la force HK. (1)

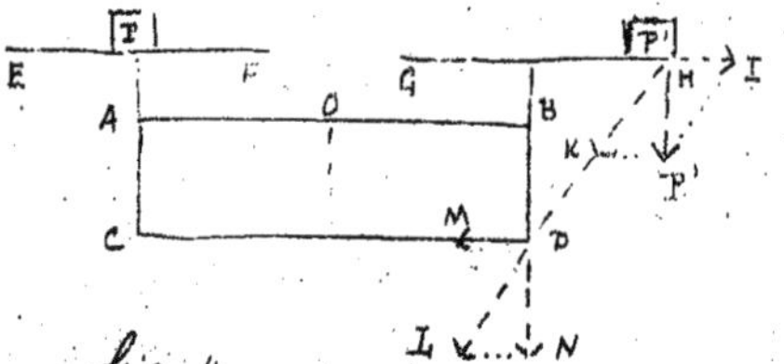

fig. 4

Mais la force HK peut être transportée dans son prolongement et appliquée au point D qui est lié invariablement au point H. La force transportée devient donc DL = HK. Son effet est exactement le même que celui de HK, et par conséquent que celui de HP'.

Mais, à son tour, la force DL peut être décomposée en deux autres forces DM et DN, dont l'une DM soit dans la direction du levier DC, et l'autre DN soit verticale.

---

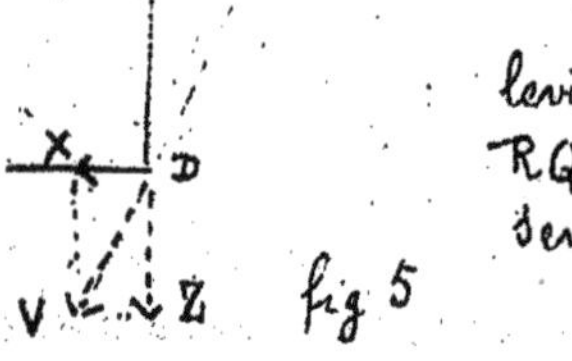

(1) En effet, la force HI peut être décomposée en deux forces HR et HS dirigées dans la direction des points d'articulation B et D. Les deux composantes peuvent à leur tour, être transportées en BT et DV. Enfin les deux forces BT et DV peuvent être remplacées par leurs composantes BY et BU, DZ et DX.

Or BU et DX sont annulées par la résistance des leviers. De plus BY et DZ sont égales entre elles comme égales à RQ, et comme elles sont dans la même direction, mais de sens contraire elles s'annulent.

Donc, la force HI est annulée C.Q.F.D.

fig 5

Cette force DM est annulée par la résistance du levier DC, puisqu'elle agit directement dans sa direction. Il ne reste en action que la force DN, qui se comporte exactement comme la force DL, c'est à dire comme la force primitive HP'.

Or les deux triangles rectangles HP'K et DNL sont égaux, puisqu'ils ont des hypotenuses HK et DL égales et leurs angles égaux. Donc les forces HP' et DN sont égales.

Par conséquent la force P' appliquée en H se comporte exactement comme si elle était appliquée dans la direction de la tige BD.

Ainsi, dans le système de leviers considérés, l'équilibre subsiste quelle que soit la position des masses égales sur les branches EF et GH. Ainsi le paradoxe statique se trouve expliqué.

*Autre Démonstration*. — Soit la droite HP', (fig. 6) représentant en long. et en direction la force de la masse P' appliquée en H.

fig 6

Dans le système rigide formé par la tige BD et la branche GH, on peut introduire deux forces quelconques égales et opposées, qui, par conséquent, s'annulent, sans que les conditions d'équilibre de cet ensemble rigide soient modifiées. Par exemple, supposons que nous appliquions en I les deux forces IK et IM, toutes deux égales à HP' et dirigées toutes deux verticalement, l'une vers le haut, l'autre vers le bas. Ces deux forces se font équilibre et s'annulent, elles ne modifient donc en aucune façon les conditions d'équilibre du système articulé que constitue le parallélogramme déformable.

Mais les deux forces égales HP' et IK constituent un couple. Ce couple peut être orienté d'une façon quelconque dans son plan, et même il peut être transporté d'une manière quelconque par rapport au système rigide GH.ID. Par exemple, il peut être remplacé par un couple BN.DT de même moment et même sens, tel que les composantes BN et DT soient dirigées dans la direction des leviers AB et DC. Ce couple est annulé par la résistance des leviers. Il ne reste plus en action que la force IM, égale à HP' et tout se passe comme si la masse P' était appliquée sur la tige ID. c.q.f.d.

Remarque I. - Les deux branches d'équerre EF et GH peuvent être placées en un point quelconque des deux tiges AC et BD. Pour leur démonstration, d'Alembert et Poinsot ont supposé que ces branches étaient disposées sur les tiges entre les points A.C et B.D. On peut tout aussi bien supposer que les branches sont montées, soit l'une soit toutes les deux au-dessus

fig 7 dispositif de d'Alembert et Poinsot

des tiges. Les démonstrations données ci-dessus s'appliquent exactement à tous les cas.

Remarque II. Dans la 2^e^ démonstration du paradoxe statique (fig. 6) nous avons vu que la force HP peut être remplacée par une force IM et un couple formé par les forces BN et DT et nous avons dit que les deux forces composant ce couple sont annulées par la résistance des leviers OB et O'D. Mais dans l'ensemble du système, ces deux forces BN et DT constituent cependant des forces perturbatrices : elles tendent à faire tourner la tige BD dans le sens des aiguilles d'une montre et à détacher en B cette tige du levier OB. Cette force perturbatrice est ce qu'on appelle le tirage, et nous verrons quels dispositifs il faut adopter pour l'annuler, sans nuire au libre jeu des articulations de la balance.

Il est facile d'exprimer l'intensité du tirage dans une Roberval dont les éléments sont connus. Dans la fig. 6, appelons $p$ la force verticale qui correspond à la charge, $e$ la distance JH représentant l'excentration de la charge, $t$ la force du tirage BN, $l$ la longueur BD de la traverse mesurée du fléau au contrefléau. Par l'hypothèse faite page 3, les deux couples HP.KI et BN.DT sont de même moment.

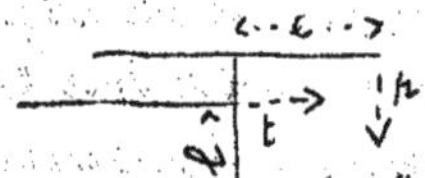

fig. 8

On peut donc écrire : $pe = tl$

d'où $\frac{p}{t} = \frac{l}{e}$ et $t = \frac{pe}{l}$

Cette formule montre que le tirage est d'autant plus grand que la charge est plus forte et plus excentrée, qu'il est d'autant plus faible que la traverse est plus longue.

Remarque III. - Les démonstrations que nous avons données du paradoxe statique ont été faites dans l'hypothèse où les leviers AB et CD sont en équilibre à vide ou à charge, dans la position horizontale. Ces démonstrations s'appliquent encore exactement au cas où les leviers prennent une position inclinée. Pour le vérifier, il suffit de suivre sur la fig. 9 le raisonnement donné à la page 2 il s'y applique parfaitement.

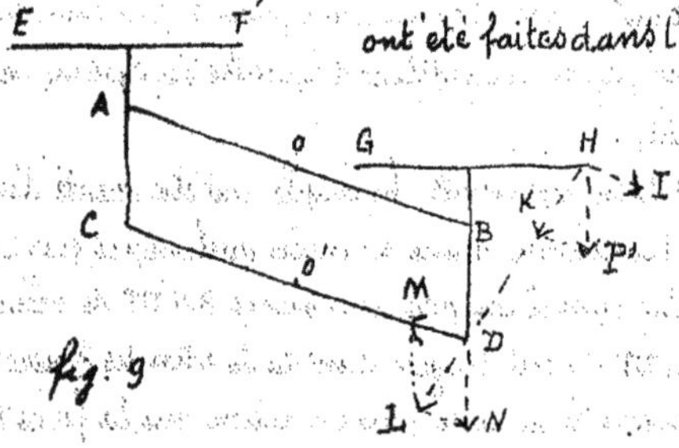

fig. 9

La présente observation a pour but de montrer que le parallélogramme théorique de Roberval peut osciller autour de ses axes O et O', sans que ses conditions d'équilibre soient modifiées.

## Déformation du quadrilatère de Roberval.

Mais il est intéressant d'étudier les phénomènes qui se produisent lorsque le système déformable est constitué par un quadrilatère de forme quelconque.

Pour faciliter les explications, nous désignerons par : *fléau* et *contrefléau* les deux leviers, *traverses* les pièces qui les relient, et *plateaux* les pièces horizontales liées aux traverses et qui doivent recevoir les charges.

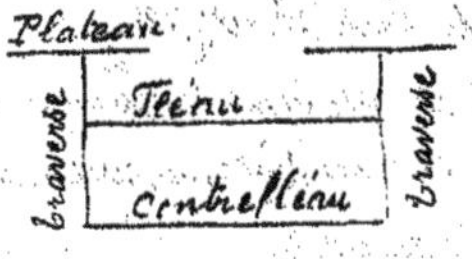

Plateau — Fléau — Contrefléau — traverse — traverse

Dans les divers cas que nous allons étudier, nous supposerons toujours que le fléau a ses deux bras égaux, car cette condition est toujours assez facilement réalisée dans une Roberval neuve. Il est évident d'ailleurs que si les deux bras du fléau n'étaient pas égaux, deux masses égales placées sur les plateaux, même directement sur les traverses ne se feraient pas équilibre.

Nous supposerons également que le contrefléau a ses deux bras égaux et que sa longueur totale est égale à celle du fléau. C'est là une condition essentielle de bonne fabrication qu'il est le plus facile de réaliser pratiquement. Mais comme cette qualité se perd facilement à l'usage, nous engageons les débutants à étudier dans les ouvrages théoriques que nous avons cités les effets qui se produisent durant l'oscillation d'une balance dont le contrefléau a ses bras inégaux ou sa longueur totale différente de celle du fléau. Disons seulement ici que le fléau et le contrefléau ne restent pas parallèles ce qui fait retomber sur un des cas qui vont être étudiés ci-après.

Beaucoup plus importante est l'étude des deux cas qui vont suivre. Sur les considérations théoriques qui s'y rapportent est basée, en effet, toute la technique de l'ajustage de la Roberval.

1er Cas.– *Le Contrefléau n'est pas droit*. Soit le contrefléau CO'D (fig. 10) dont l'axe O' est au-dessus de la ligne CD des articulations.

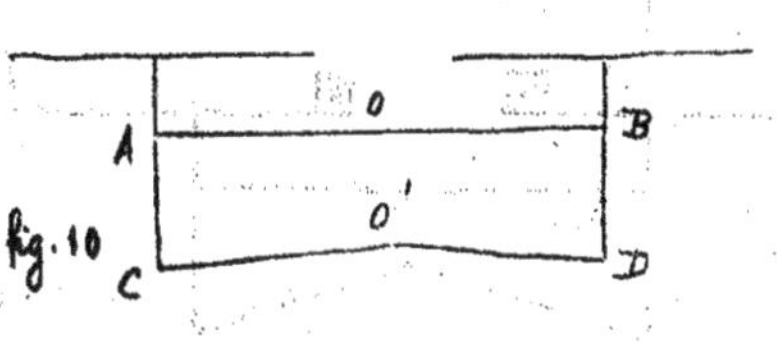

A — O — B — O' — C — D

fig. 10

Appliquons une force P' sur le plateau de droite une force égale étant sur le plateau de gauche.

Si la force P' est placée exactement au-dessus de la traverse BD, le contrefléau ne joue aucun rôle et l'équilibre existe.

Si la force P' est placée en dehors, en H (fig. 11) cette force peut être remplacée par une force égale et de même sens appliquée sur la traverse et un couple BE, DF dont le moment est BE × BD. Dans ce couple, la force BE est annulée par la résistance du fléau. Mais la force DF qui n'agit pas dans la direction du contrefléau n'est pas annulée.

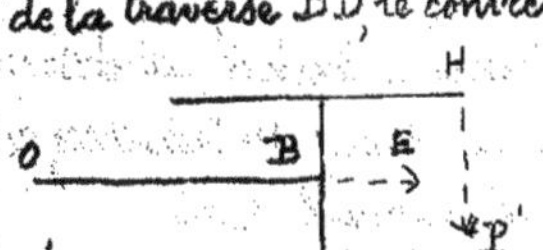

H — O — B — E — P' — O' — I — D — F — K

fig. 11

par la résistance de ce contrefléau. Elle peut être décomposée en deux autres forces DI et DK, dont l'une DI est annulée par la résistance du contrefléau et l'autre DK tend à faire descendre la traverse. Cette force DK qui fait tomber la traverse est la *surcharge*.

Ainsi dans le cas où le contrefléau a son axe central au-dessus de ses axes extrêmes, le déplacement de la masse P' du centre du plateau vers l'extérieur H produit une surcharge qui s'ajoute au poids de la masse P' et tend à faire tomber la traverse.

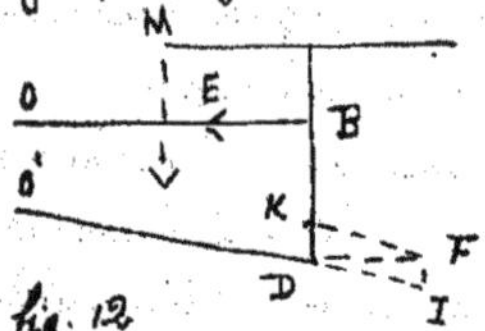

M O E B O' K F D I

fig. 12

Un raisonnement identique montrerait que le déplacement de la force P' du centre du plateau vers le bord intérieur M se traduirait finalement par une surcharge DK dirigée vers le haut et tendant à faire élever le plateau (fig. 12).

Les phénomènes étudiés sur le plateau de droite se répètent exactement sur le plateau de gauche et les déplacements de la masse P sur ce plateau se traduisent par des surcharges qui tendent à faire élever ou abaisser le plateau suivant que la masse P est placée du côté de l'axe O ou à l'opposé.

Les effets des surcharges sur les deux plateaux s'ajoutent ou s'annulent selon les cas. Les schémas ci-dessous représentent les effets dans les deux cas.

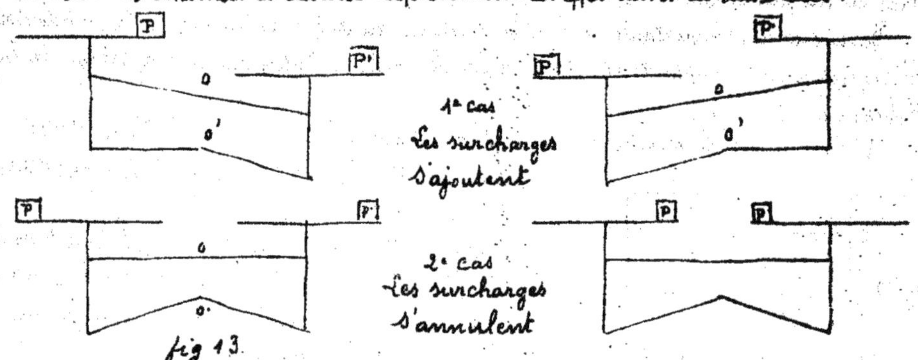


fig 13.

Examinons ensuite l'hypothèse du contrefléau ayant son axe central au-dessous de ses axes extrêmes. Si les charges égales P et P' sont placées au-dessus des traverses au centre des plateaux, l'équilibre existe, puisque le contrefléau ne travaille pas.

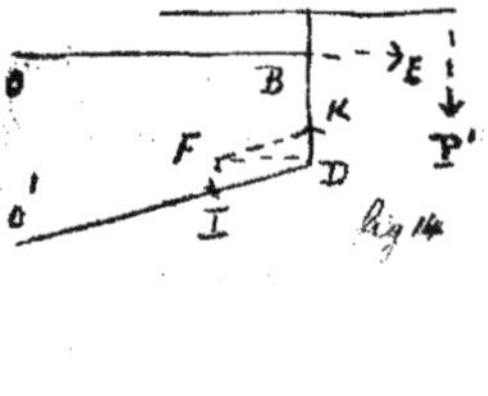

H O B E K P' F D O' I

fig 14

Mais si la charge de droite P' est placée en H (fig 14), la force HP' peut être remplacée par une force égale et de même sens appliquée sur la traverse et un couple BE DF de moment BE×BD.

La force BE est détruite ; mais la force DF se décompose en

deux autres : une force DI annulée et une surcharge DK qui tend à faire élever le plateau.

Un raisonnement analogue montrerait que la force P étant appliquée sur le plateau du côté de l'axe O, le plateau s'abaisserait. – Mêmes phénomènes sur l'autre plateau.

Les surcharges résultant du déplacement des masses sur les deux plateaux s'ajoutent ou s'annulent suivant leur sens. (Voir les schémas ci-dessous)

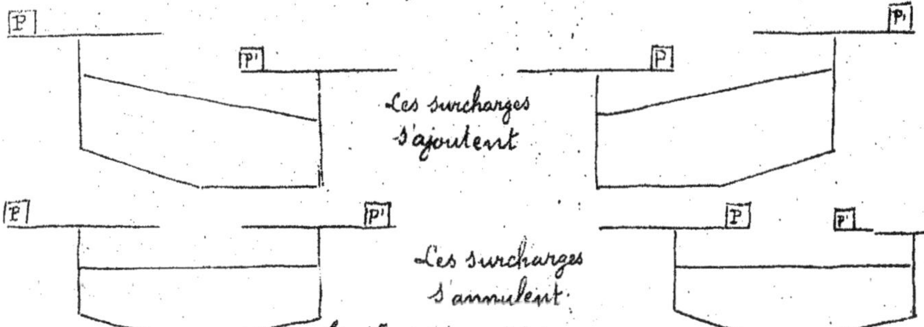

P P' P P'

Les surcharges s'ajoutent

P P' P P'

Les surcharges s'annulent

fig. 15

Le premier cas qui vient d'être étudié représente la défectuosité la plus courante de la Roberval et tous ceux qui pratiquent cet instrument doivent connaître l'influence de la flexion du contrefléau. C'est pourquoi nous appelons toute l'attention des lecteurs sur ce 1er cas.

## 2e Cas – Les traverses sont de longueurs inégales.

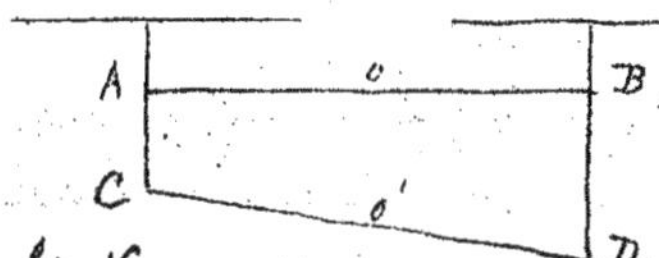

A o B

C o' D

fig. 16

La longueur des traverses est la distance AC ou BD des articulations de la traverse avec le fléau et le contrefléau.

Soit l'hypothèse de la traverse BD plus longue que la traverse AC. Si les masses égales P et P' sont appliquées sur le centre des plateaux il n'y a pas de tirage et l'équilibre existe.

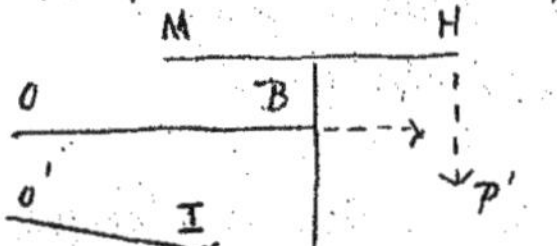

M H

O B

o' I p'

F D K

fig 17

Si la force P' est appliquée en H, un raisonnement identique à celui de la page 5 montre que finalement le déplacement de P' se traduit par une surcharge DK qui tend à faire descendre le plateau.

Si la force était appliquée en M la surcharge DK serait dirigée vers le haut et tendrait à faire monter le plateau.

Les effets sont exactement contraires sur le plateau de gauche.

Les surcharges sur les deux plateaux s'ajoutent ou s'annulent selon leur sens.

On peut représenter par les schémas ci-dessous les divers effets du 2e Cas.

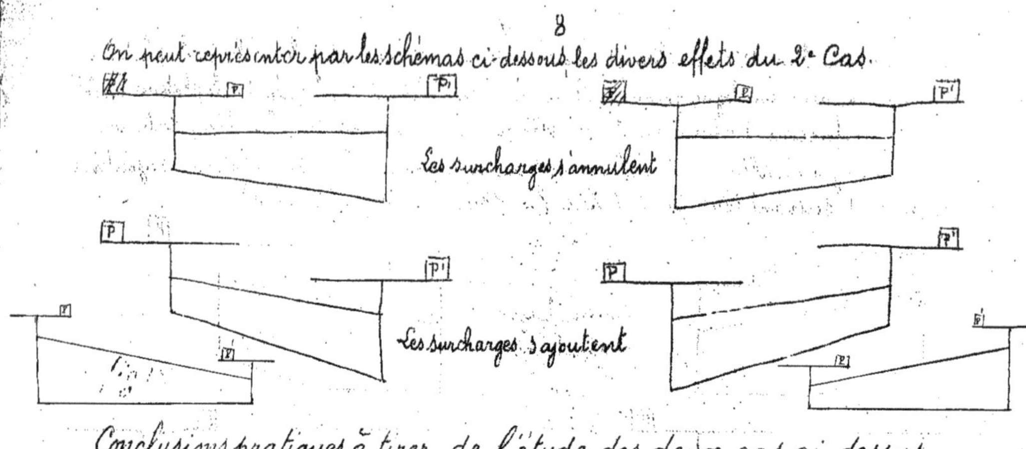


## Conclusions pratiques à tirer de l'étude des deux cas ci-dessus.

Nous pouvons résumer en quelques règles pratiques toute la discussion des deux cas étudiés ci-dessus :

1°.- Lorsque des poids égaux placés sur les axes extrêmes du fléau, c'est à dire sur les diamètres des plateaux qui sont perpendiculaires au fléau, se font équilibre, c'est que les deux bras du fléau ont même longueur.

S'il y a une chute, elle a lieu du côté du bras le plus long.

2°- Les bras du fléau étant égaux, lorsque les poids égaux sont placés sur les diamètres des plateaux parallèles au fléau, tous les deux en dehors ou tous les deux en dedans, s'il y a équilibre, c'est que les traverses ont la même longueur.

S'il y a une chute, elle se fait :
lorsque les poids sont en dehors, du côté de la traverse la plus longue ;
lorsque les poids sont en dedans, du côté de la traverse la plus courte.

3°- Les bras du fléau étant égaux et les traverses de même longueur, lorsque les poids sont placés sur les diamètres des plateaux parallèles au fléau, l'un en dedans, l'autre en dehors, s'il y a équilibre, c'est que le contrefléau est rectiligne.

S'il y a une chute en dehors, c'est que le contrefléau est arqué en dessus.
S'il y a une chute en dedans, c'est que le contrefléau est arqué en dessous.

# CHAPITRE II

## Description de la balance Roberval.
## Conditions de bonne fabrication

La balance Roberval se compose de cinq pièces principales, savoir :
A. Un socle avec support destiné à porter le mécanisme ;
B. Un fleau ;
C. Un Contrefléau ;
D. Deux traverses semblables, appelées aussi jumelles, avec leurs croisillons et plateaux.

### A.- Le Socle.

Les socles de Roberval sont habituellement en fonte, en tôle estampée ou en bois.

Les socles en bois se composent généralement de quatre planches formant caisse avec linteau à la partie inférieure, le tout recouvert d'une plaque de marbre faisant corps avec la caisse. Cette plaque est consolidée en dessous, en son milieu, à l'endroit qui doit porter le support, par un tasseau de bois, collé aux parois du socle. Le marbre est percé de trois trous destinés, celui du milieu à fixer le goujon du support, les deux autres garnis d'œilletons en cuivre à passer les tiges des traverses. Le ~~tasse~~ Socle est fermé par une planche de fond.



Le socle en fonte ou en tôle estampée doit reposer sur la table par quatre pieds qui doivent être dans un même plan, quelle que soit la charge de l'instrument, c-a-d que le socle doit être stable et indéformable. Il doit être suffisamment solide pour porter la charge maximum inscrite sur l'instrument.

Nous ajouterons que la base de sustentation formée par les quatre pieds doit être aussi grande que possible pour éviter le renversement de la balance sous charges excentrées latéralement ainsi que nous l'expliquerons au Chapitre IV.

Le Support. - Le socle porte un support en fonte ou en fer plat coudé, fixé invariablement au socle par un goujon fileté ou un rivet. Ce support est formé de deux branches dont les têtes portent les coussinets devant supporter les couteaux de l'axe central du fléau. Les deux têtes sont recouvertes extérieurement par des chapeaux.

La forme des coussinets est variable suivant les maisons de fabrication. Autrefois on les faisait presque exclusivement à queue d'aronde, s'introduisant de l'extérieur vers l'intérieur. Bien arasés à la surface de la joue, ils sont recouverts et maintenus par le chapeau. (fig. 21)

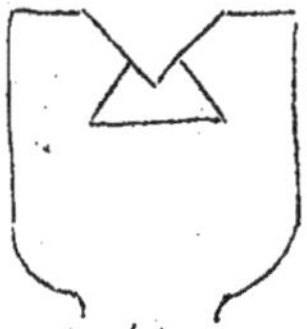

Ces coussinets représentent la belle tradition et ils sont une des marques de la bonne fabrication. Ils ont l'avantage de présenter une longe gouttière a b sur laquelle s'appuie le couteau de l'axe du fléau

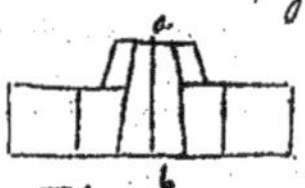

La plupart des maisons emploient aujourd'hui pour la Roberval des coussinets formés par une bande d'acier coudée en forme de V (fig 22)

Ces sortes de coussinets présentent parfois un défaut sur lequel l'attention doit être appelée : c'est que parfois le fond de la gorge n'est pas en ligne droite, mais qu'il est légèrement convexe. Dans ce cas le couteau de l'axe du fléau ne porte que par un point sur la gorge du coussinet et le couteau s'use rapidement au point de contact.

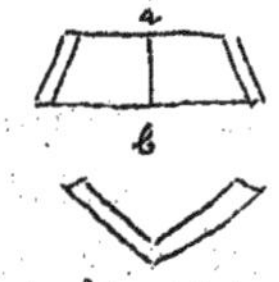

Elevation

Plan

fig 21

a b

régulier

défectueux

coupe suivant a b

fig 22

Trempe des coussinets. - Aux termes des instructions, les coussinets doivent être en acier trempé et poli. La trempe des coussinets est une affaire importante, car la trempe doit être dure.

Les coussinets en acier sont seulement chauffés au rouge sombre et trempés à l'eau froide. Mais souvent les coussinets en V sont fabriqués en acier doux, de manière à se plier facilement au balancier sans se casser au pli de la gorge. Ces sortes de coussinets doivent être cémentés avant d'être trempés. Pour cela ils sont chauffés durant six heures au moins au rouge blanc dans des caisses métalliques où ils sont placés par lits avec du charbon de bois, du prussiate de potasse, de la suie de bois, et diverses matières organiques riches en charbon. Quand les coussinets ont été ainsi longuement et convenablement chauffés ils sont précipités encore rouges, en les séparant les uns des autres dans l'eau froide.

Les coussinets trempés sont mis en place dans les enfilures des têtes du support. Ils sont alors polis à l'aide de toile d'émeri tenue sur une lime tiers-point.

*Le Chapeau.* - Les coussinets étant introduits à frottement dur dans leurs enfilures, de manière que leur extrémité extérieure soit dans le plan de la joue du support, ils sont maintenus en place par le chapeau.

axe — Chapeau — coussinet — vis d'assemblage

fig 23

Le chapeau se fait en fer plat dit feuillard. Il est maintenu en place à l'aide d'une vis d'assemblage, vissée dans un trou fileté percé dans la joue du support. En outre, pour éviter que le chapeau tourne sur lui-même autour de la tête de vis comme centre, il porte en haut un pli, obtenu au balancier, lequel pli recouvre la face supérieure de la tête du support. Ce pli sert au surplus à emprisonner l'extrémité de l'axe du fléau. Le chapeau doit avoir une épaisseur suffisante. S'il est trop mince, sous la poussée de la pointe du couteau de l'axe du fléau, il finit par se percer, ou bien il se plie au droit de la vis et il baille (fig 24) découvrant l'axe du fléau.

Chapeau baillant

fig 24

La circulaire du 11 avril 1894 prescrit que les pièces du mouvement doivent être polies et en acier ou tout au moins en fer cémenté. La question de savoir si cette prescription s'applique aux chapeaux n'a pas été résolue. Mais il est toujours possible d'exiger que ces chapeaux soient assez solides pour résister à toutes les poussées de l'axe du fléau.

*Index fixe.* - Au plancher du support des balances devant avoir une aiguille haute est vissé un index ou lyre, en fonte malléable, en fer découpé ou en cuivre.

Dans les balances devant avoir deux aiguilles basses, les index sont placés sur le corps du socle, un de chaque côté. Ils sont constitués, soit par une saillie venue de fonte, soit par un rivet à grosse tête, bouterollé à l'intérieur de la paroi du socle.

*Les Poupées* - Vers les extrémités du socle sont percées les bobines ou poupées, destinées à laisser passer les tiges des traverses. A fond de course, ces traverses viennent reposer sur le col des poupées par leur bourrelet, ainsi qu'il sera dit plus loin.

Dans les socles à dessus marbre, les poupées sont remplacées par des oeilletons ou tranchoirs en cuivre. A fond de course, les traverses ne s'appuient pas par leur bourrelet, sur les tranchoirs; elles doivent porter sur la planche de fond dont il va être parlé ci-après.

*Chevalet.* - A sa partie inférieure, le socle porte le chevalet, habituellement vissé sur le même goujon que le support. Parfois le chevalet est fixé par deux vis (fig 25) qui permettent de le déplacer dans le sens longitudinal, de manière à l'assujettir exactement sous les couteaux de l'axe central du fléau.

Branche du chevalet

fig 25

chevalet monté sur deux vis permettant un déplacement longitudinal

Le chevalet se compose d'un champ, portant habituellement deux branches dont les faces intérieures doivent former un plan perpendiculaire à la longueur du fléau. Le champ est percé en son milieu d'un trou, le plus souvent fileté, pour le passage du goujon d'assemblage (fig 26).

Élevation Profil

fig 26

Plan

On construit des balances avec chevalet à quatre branches. Cette disposition est très recommandable, mais elle est peu pratiquée en raison de la complication qu'elle apporte à la construction du contrefléau et des difficultés qu'elle suscite à l'ajustage.

Dans les balances dont la construction est soignée, les branches du chevalet sont en acier trempé, brasées sur une plaque de fer. Les deux faces des branches formant plan sont soigneusement polies.

Dans les balances communes, le chevalet est en fonte malléable. Les branches sont, avant emploi, cémentées au prussiate de potasse et trempées.

*Fermeture inférieure du Socle* - En raison de l'importance des organes qui sont logés dans le socle, il serait à souhaiter que celui-ci fût, dans tous les cas, fermé à la partie inférieure par une plaque, afin de préserver ces organes des altérations qui les menacent. Malheureusement cette fermeture n'est pas prescrite par les règlements. Cependant les fabricants ont l'habitude de fermer par une planche de fond les socles en bois à dessus marbre. Cette planche est d'ailleurs indispensable pour servir d'appui à l'extrémité des tiges des traverses, ces pièces ne pouvant, à fond de course, s'appuyer sur les oeilletons qui forment les poupées ceci pour éviter de casser le marbre sous les chocs.

*Indication de la force des balances* - La force de l'instrument doit être indiquée sur le socle. Dans les balances à dessus marbre, l'indication de la force est gravée dans le marbre ou incrustée sur une plaque de cuivre fixée à l'embase du support. Sur les socles en fonte, l'indication de la force est produite en relief dans le métal sur la face supérieure, ou bien elle est inscrite sur des plaques solidement rivées et faisant corps avec le socle.

## B. Le Fléau

Les fléaux des balances Roberval se font quelquefois en cuivre, mais le plus souvent en fer ou en fonte malléable. Tous ces métaux, admis dans la construction par les instructions sur la matière ont fait leurs preuves et il ne semble pas qu'il y ait lieu de préférer l'un à l'autre.

A la vérité les fléaux en fer bien forgés donnent aux balances un caractère spécial de belle et bonne fabrication que l'on doit conserver le plus possible.

Mais depuis longtemps les fléaux se font surtout en fonte malléable moulée, ce qui permet de donner aux instruments des mêmes séries une uniformité que l'on ne peut obtenir que par le moulage. Ces fléaux résistent d'ailleurs fort bien à la flexion.

La forme à donner aux fléaux est variable. Mais toujours les organes sont plus forts au centre qu'aux extrémités. La section en est habituellement ovoïde ou cunéiforme; mais elle peut affecter la forme d'un T ou d'un I fig. 27

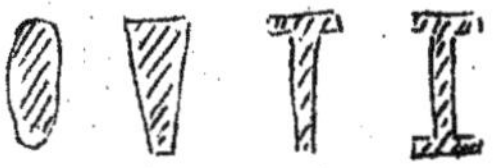

fig. 27

L'épaisseur doit être le plus grande possible dans les parties traversées par des couteaux, c-a-d au centre et aux extrémités. Cette condition est facilement réalisable avec les fléaux fondus ou estampés à chaud.

La figure ci-dessous donne la nomenclature des ~~pièces~~ diverses parties du fléau : fig. 28

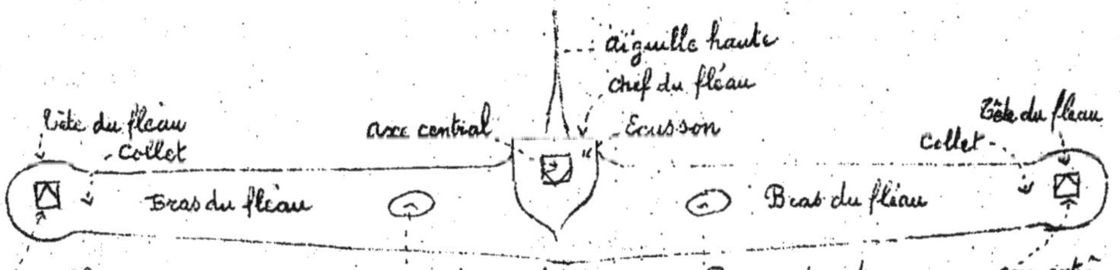

fig. 28

*Aiguilles*. — Beaucoup de fléaux portent une aiguille haute vissée dans le chef du fléau et devant osciller devant l'index fixe.

Les aiguilles basses que portent certaines balances sont montées sur l'axe central ou le chef du fléau, elles sont de diverses formes selon les maisons de fabrication.

Celles qui sont destinées à être montées sur l'axe central se composent d'une tête percée d'un œil ayant la même forme que la section de l'axe et dans lequel celui-ci doit pénétrer sans jeu exagéré, et de deux branches qui se réunissent pour former la pointe de l'aiguille en formant une espèce de cercle qui doit embrasser la tête du support, sans que dans les oscillations, les branches viennent toucher le support.

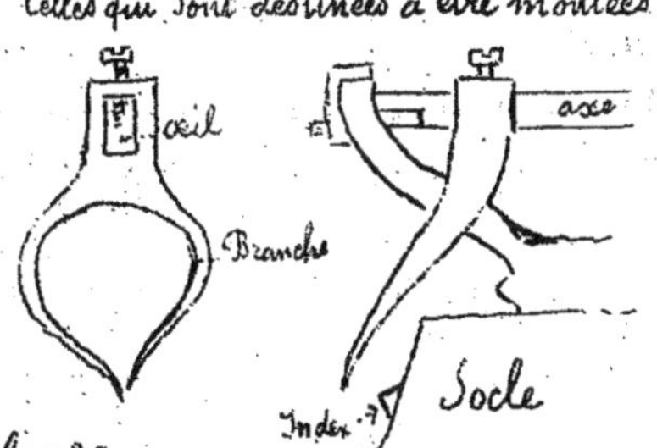

fig. 29

L'aiguille basse est maintenue en place à l'aide d'une vis qui traverse son chef et vient s'appuyer par sa pointe sur l'axe du fléau. Les aiguilles basses doivent toujours être doubles. Une de chaque côté.

Une condition essentielle de bonne fabrication, c'est que l'œil doit être aussi épais que possible, de manière que la vis d'assemblage tienne fortement.

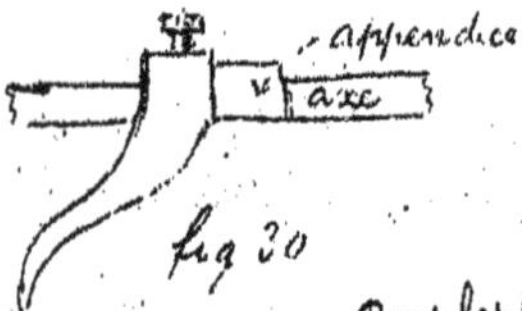

appendice

axe

fig 30

Souvent, pour éviter que l'aiguille tourne sur elle même dans la limite du jeu qui existe entre l'œil et l'axe, on pourvoit le chef de l'aiguille d'un appendice qui allonge la profondeur de l'œil et embrasse mieux l'axe. Cette disposition est très recommandable (fig. 30)

Dans les balances à aiguilles basses, on visse un gland sur le chef du fléau.

Dans les balances de certaines maisons, les aiguilles basses ne sont pas fixées sur l'axe central, mais elles sont montées sur le chef du fléau et maintenues en place par le gland dont il vient d'être parlé.

— *Les axes du Fléau* — Le fléau porte trois axes, taillés en couteaux à leurs extrémités. Ces axes se font en acier, ou en fer avec mise d'acier au taillant du couteau.

Les fléaux bruts portent trois mortaises ayant à peu près le profil des axes mais légèrement plus étroits. Pour le montage, le fléau est chauffé au rouge et les axes sont introduits de force, puis matés solidement. S'il arrive que dans l'opération le fléau se fend légèrement, la fente est soigneusement brasée au cuivre.

Le profil des axes est variable selon les maisons. La belle tradition, c'est l'axe rectangulaire avec couteaux taillés aux extrémités, comme il est indiqué ci-contre (fig 31). Les bonnes maisons ont conservé cette tradition, au moins pour l'axe central. Mais la plupart des maisons pour leurs fabrications courantes ont adopté des profilés pour les axes extrêmes, dissimulés dans les traverses; quelques uns ont même poussé l'abandon des belles formes traditionnelles, jusqu'à mettre des axes profilés au centre des couteaux.

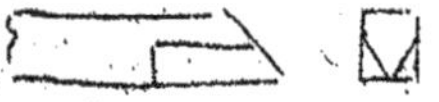

fig 31

Les profils de ces axes sont variables: nous en indiquons ci-contre quelques uns. Pour obtenir les couteaux, il suffit de blanchir aux extrémités les faces des axes.

fig. 32

Remarquons que la question des profils n'a aucune importance en ce qui concerne la valeur des instruments. Ce qui importe, c'est que les axes aient une section suffisante pour supporter sans fléchir la charge maximum inscrite sur le socle, et qu'ils soient solidement assujettis dans le fléau. En tout cas, l'axe central doit avoir une section plus grande que les axes extrêmes, puisque, dans les pesées il porte une charge double de celle portée par les axes extrêmes.

Nous donnerons plus loin un tableau des profils normaux des axes de Roberval.

L'angle à donner aux couteaux doit être voisin de 60°. Dans les petites balances, on donne quelquefois au couteau un angle plus faible, mais cela a l'inconvénient de rendre le couteau très fragile, et, par conséquent d'exposer la balance à tomber trop rapidement hors d'usage. Aussi dans les balances des sortes courantes on ne s'écarte guère de l'angle de 60°. Un angle plus grand gênerait le mouvement, ainsi que nous le verrons en étudiant la question de l'oscillation.

L'extrémite des couteaux doit être taillée en cône, de sorte que la pointe du couteau ne touche son chapeau qu'en un point, afin d'éviter les frottements. Mais il ne faut pas que la génératrice du cône fasse un angle trop aigu avec l'axe du couteau, car la pointe serait fragile ou bien percerait trop rapidement le chapeau. Cet angle doit être de 60° environ pas moins. fig. 33.

fig 33

Les couteaux étant en acier, leur trempe se fait sans difficulté à l'eau. Il convient cependant de faire une observation. Il est important qu'un couteau de balance ne soit pas trempé sur toute son épaisseur, mais qu'il le soit seulement sur une épaisseur de quelques millimètres à partir de l'arête du couteau, autrement le couteau est fragile et expose la balance à une dépréciation rapide.

Certains couteaux, utilisés dans les gros instruments, sont construits pour échapper à ce défaut: ce sont les axes en fer avec mise d'acier à l'arête du couteau. Ils se composent d'une barre de fer, à l'extrémité de laquelle on a soudé une <u>mise</u> d'acier destinée à former l'arête du couteau. Quand on trempe un tel couteau, l'acier seul trempe et la masse de fer qui l'enveloppe le protège contre les chocs. Ces sortes de couteaux sont très recommandables.

Extrémité d'une barre de fer fendue pour recevoir la mise d'acier — mise d'acier soudée — couteau taillé

fig 34

## Position des trois couteaux.

Dans toute balance bien construite, les trois couteaux doivent être dans un même plan et parallèles entre eux : c'est la condition indispensable pour que l'instrument garde sa sensibilité à toutes charges.

La Roberval n'échappe pas à cette règle, ce qu'on énonce en disant que les couteaux doivent être <u>au fil</u>. On a écrit que dans ces conditions l'oscillation est impossible. C'est une erreur. La pratique journalière montre au contraire qu'une balance Roberval dont les couteaux sont au fil peut être très oscillante si l'axe central est bien placé et si l'ensemble du système oscillant est construit d'après les principes que nous étudierons au chapitre de l'Oscillation.

**Chapeaux.** — Les chapeaux qui recouvrent les extrémités des trois axes se font en fer feuillard découpé, et sont maintenus en place à l'aide d'une vis. L'épaisseur de ce feuillard doit être suffisante pour que le couteau qu'il recouvre ne puisse le percer.

La question de la trempe des chapeaux est controversée. La circulaire du 11 avril 1894 dit : « Les autres pièces du mouvement seront tout au moins en fonte malléable, et dans les parties soumises à frottement, la fonte devra être cémentée, trempée et polie. »

Le chapeau est-il une pièce du mouvement ?

Si oui, le chapeau, qui n'est pas en fonte, doit-il être cémenté, trempé et poli ?

Devant l'incertitude qui résulte de ce texte, on ne peut imposer la trempe des chapeaux.

## C.– Les Traverses

Les deux côtés verticaux du parallélogramme déformable sont formés par deux pièces semblables nommées *traverses* ou *jumelles*, ou *pièces de bout*.

Ces organes comprennent une pièce principale ou traverse proprement dite, sur laquelle sont montés le croisillon et la fenêtre.



fig. 35 Traverse nue

La traverse (fig. 35) est formée par la bande percée d'un trou taraudé pour recevoir le goujon fileté du croisillon, les deux joues, percées des enfilures dans lesquelles sont assujettis les coussinets et recouvertes par des chapeaux ou contreplaques, l'embase avec son bourrelet, la tige ou colonne portant la fenêtre.

La traverse se fait soit en fonte soit en pièces de fer solidement assemblées ; parfois la tige seule est en fer et le reste de la pièce est en fonte, dans ce cas les deux parties doivent être liées invariablement.

Les coussinets sont généralement semblables à ceux du support. Il en est de même des chapeaux, lesquels doivent être formés d'une seule pièce.

La traverse doit être suffisamment solide pour porter, sans se déformer, la charge maximum inscrite sur le socle. A ce point de vue la rigidité de la traverse en fonte est supérieure à celle de la traverse en fer assemblé.

La tige à sa partie inférieure, doit présenter un plat pour l'application de la fenêtre.

**Fenêtres.**– Les fenêtres se font soit en fonte malléable soit en acier découpé. Parfois les fenêtres font corps avec la tige et dans ce cas viennent de fonte, mais c'est le cas rare.



fig. 36

La fenêtre (fig. 36) est évidée d'une mortaise, et comprend : le champ avec son chanfrein, les joues, le chef avec ses deux butées. Le trou de vis est taraudé

Le montage de la fenêtre sur le pied de la tige est une affaire importante : il faut que la fenêtre soit invariablement assujettie à la tige. Généralement la fenêtre, à sa partie supérieure, s'engage sous un tenon qui est taillé à queue d'aronde ou simplement scié (fig 37). Ces deux dispositions sont bonnes à condition que la fenêtre ne puisse pas jouer d'avant en arrière. Son jeu latéral est limité par les deux butées qui viennent s'appuyer exactement sur les côtés latéraux de la tige. La fenêtre est retenue en place par la vis de liaison qui traverse le pied de la tige et se fixe dans le trou taraudé de la fenêtre, laquelle forme écrou.

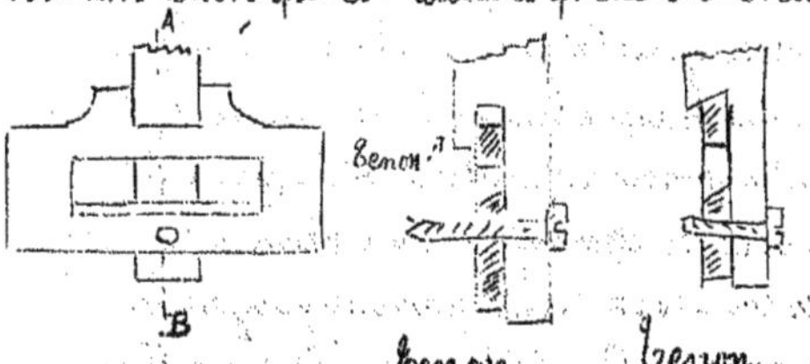

tenon scié — tenon en aronde

fig 37 — Coupe suivant A B

Dans les balances bien montées, la fenêtre est tenue à la partie inférieure par un talon dans lequel s'engage le pied de la colonne taillé en queue d'aronde. Le montage est ensuite fixé invariablement par une vis d'assemblage qui lie la fenêtre à la tige.

Il nous faut dire un mot des fenêtres venues de fonte avec la tige et dites fenêtres à lanterne. Ces pièces doivent évidemment être fondues en acier ou en fonte malléable pour recevoir la trempe. Dans ces sortes de fenêtres il faut que les deux faces ab et cd soient dans le même plan (fig. 39)

fenêtre à talon

talon vu en dessous

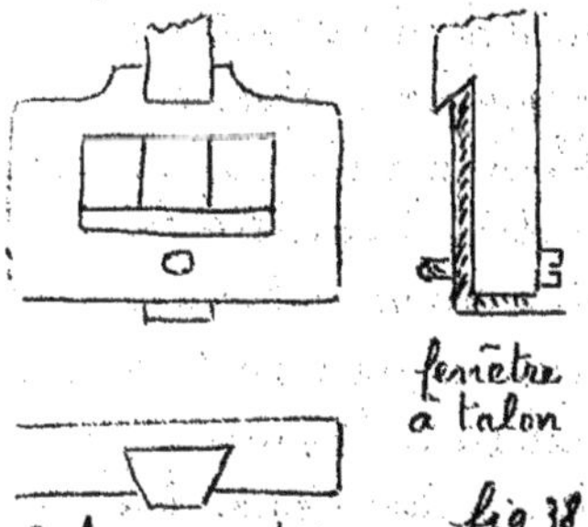

fig 38

Les fenêtres en acier découpé se trempent très facilement à l'eau en ayant soin que la pièce soit bien uniformément chauffée au rouge sombre, pour qu'elle ne se voile pas. Les fenêtres en fonte malléable ou en acier de cémentation sont cémentées avant d'être trempées.

Ainsi que nous le verrons au chapitre de l'Ajustage, le pied de la colonne travaille autant que la fenêtre. Une question intéressante à examiner est donc celle de savoir si le pied de la colonne, au droit de la fenêtre doit être trempé. C'est encore la circ. du 11 avril 1894 qui sert de guide : « Les autres pièces du mouvement seront tout au moins en fonte malléable et dans les parties soumises à frottement la fonte devra être trempée et polie ».

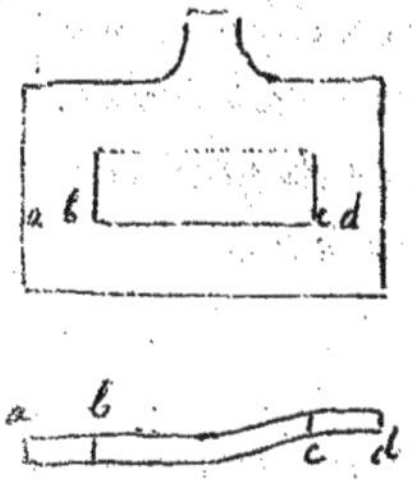

fig 39

Le pied de la colonne est bien une pièce du mouvement et soumise à frottement. Il résulte donc que cette pièce devrait être seulement en acier ou en fonte malléable, et dans les deux cas trempée ou cémentée et polie, du moins lorsque ces deux métaux sont employés, la prescription est de rigueur.

Mais le plus souvent la colonne est en fonte dure, difficile à attaquer à la lime, d'autre part la fonte dure ne se prête pas à la trempe, cette opération la rendant extrêmement cassante. Dans ces conditions, si la fonte est très dure d'elle même, il n'y a pas lieu d'exiger la trempe de la colonne. Quant aux tiges en fer, elles doivent toujours être cémentées et trempées.

Croisillons. - En son milieu, la bande de chaque traverse est percée d'un trou taraudé sur lequel se visse le croisillon. Une des grosses difficultés est de percer et tarauder ce trou verticalement, de manière que le croisillon soit exactement dans un plan horizontal.

Le croisillon est formé de deux branches en croix rivées par un goujon fileté, lequel sert à visser le croisillon sur la traverse. On fait aussi des croisillons en fonte malléable d'une seule pièce. D'autres sont formés de deux branches de fer solidement soudées à chaud. Dans tous les cas le croisillon doit être assemblé solidement.

Il n'est pas indispensable que les deux croisillons d'une balance soient semblables, mais il est d'obligation étroite, réglementaire, que les croisillons soient de même poids, de même les deux traverses dépourvues de leurs croisillons doivent s'équilibrer. Lorsque les croisillons ne sont pas de même poids ils doivent être invariablement rivés à leurs traverses et l'ensemble des deux traverses et de leurs croisillons doit s'équilibrer.

Les Plateaux. - les plateaux des balances se font en cuivre ou tout autre métal. On en fait aussi en verre, en marbre, en corne ou autres substances rigides, selon les besoins des détenteurs. Sur ce point les instructions sont muettes. Elles le sont également en ce qui concerne la forme à donner aux plateaux, bien qu'en divers endroits les circulaires parlent du diamètre des plateaux. La seule obligation réglementaire est que le diamètre des plateaux des balances soumises à la vérification soit égal aux $\frac{2}{3}$ au moins de la longueur du fléau. Nous verrons plus loin ce que vaut cette prescription.

Quelle que soit leur forme, lorsqu'ils sont mobiles les plateaux doivent être de même poids. Lorsqu'ils ne sont pas de même poids ils doivent être rivés à la traverse et au croisillon, et l'ensemble d'une traverse, de son croisillon et du plateau doit équilibrer l'autre traverse avec son croisillon et son plateau rivés.

## D. - Le Contrefléau.

Le contrefléau forme le côté horizontal inférieur du parallélogramme déformable. Il se fait habituellement d'une seule pièce. Le contrefléau d'une seule pi[illegible] se compose d'un levier droit en fer, ou en fonte malléable, portant trois [illegible] au centre, les autres aux extrémités.

Tantôt ces axes sont produits dans le métal même du levier, tantôt au contraire ils sont taillés dans des plaques de métal rivées au levier savoir : une au centre, dite paillette, ou plaque du centre ; deux autres aux extrémités, dites plaques de bout. - Ces plaques devant être taillées en cout[…] se font en acier ou en f[…] malléable et se trempent comme il a été dit pour les couteaux.

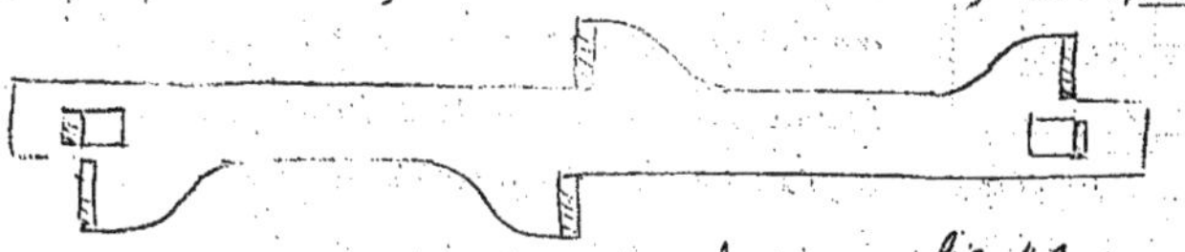

Contrefléau vu du haut fig. 40

Dans la balance Roberval telle qu'elle est construite aujourd'hui, le contrefléau n'est pas un levier sur lequel doivent agir des forces verticales ; il n'a à subir que l'action de forces s'exerçant dans le sens horizontal. C'est pourquoi les arêtes de ses axes ne sont pas dirigées soit vers le haut soit vers le bas comme cela a lieu pour le fléau ; au contraire les couteaux du contrefléau ont leurs arêtes dirigées soit vers la droite, soit vers la gauche. De plus tous ces couteaux ont leurs arêtes dans un même plan, qui est le plan de la face inférieure du Contrefléau.

Le contrefléau est articulé entre les branches du chevalet à l'aide de deux consoles, taillées en chanfrein dont l'arête vient buter contre les faces intérieures des branches du chevalet. Les arêtes des chanfreins des deux consoles forment une ligne droite autour de laquelle se fait le mouvement de rotation du contrefléau. Les deux faces du chevalet sur lesquelles butent les couteaux de la paillette forment également un plan, qui est perpendiculaire à la direction du fléau.

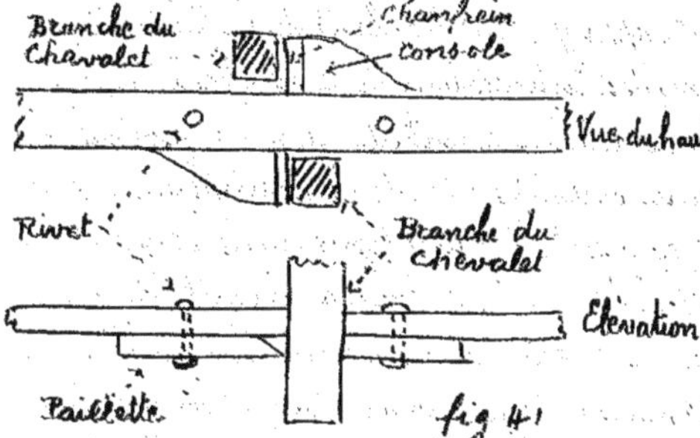

Branche du Chevalet — Chanfrein console — Vue du haut — Rivet — Branche du chevalet — Élévation — Paillette

fig 41

Le mode d'articulation du contrefléau avec la fenêtre varie selon la forme de la fenêtre. On n'emploie guère que la fenêtre plate, montée sur la tige, dont une des faces a été polie pour la recevoir.

La plaque de bout du contrefléau porte une mortaise destinée à laisser passer la colonne, et une console venant buter contre la joue de la fenêtre. La mortaise et la console portent d'ailleurs des chanfreins dont les arêtes forment une ligne droite autour de laquelle se fait l'articulation de la traverse et du contrefléau. (fig 42)

mortaise
Console
chanfreins
Extrémité du fléau

L'extrémité du fléau est engagée dans la fenêtre.

Fenêtre montée sur la tige.

fig 42

La disposition ainsi adoptée pour la plaque de bout avec une seule console, rend l'ajustage plus facile, ainsi que nous le verrons, mais elle a l'inconvénient de faire travailler la fenêtre en porte à faux, puisqu'il n'y a qu'une de ses joues qui travaille, celle qui est en contact avec la console de la plaque de bout : il en résulte que la fenêtre a une tendance à se disloquer et à se tordre sous l'action des forces latérales.

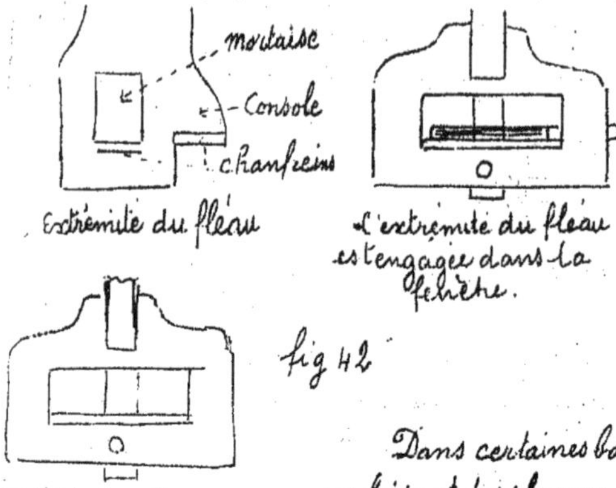

fig 43

Dans certaines balances, on remédie à ce défaut en faisant des plaques de bout à deux consoles (fig 43) Mais cette disposition est peu pratiquée en France. Nous verrons d'ailleurs ~~au chapitre Stabilité~~, un grave inconvénient des contrefleaux à une seule console. (Voir au Chapitre Oscillation et Sensibilité)

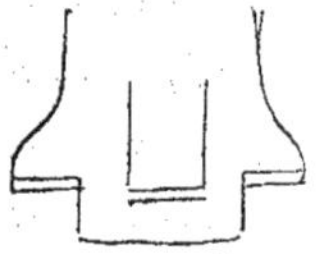

Nous avons dit, page 17, que certaines balances sont pourvues de fenêtres à lanterne. Dans ce cas, le contrefléau porte à son extrémité deux consoles, dont les chanfreins tournés en sens opposés, viennent s'appuyer sur les plans de la fenêtre (fig 44)

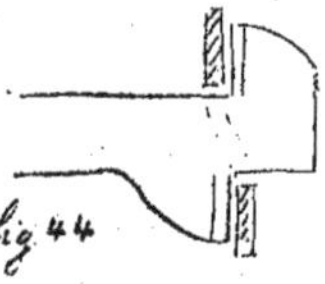

fig 44

Quel que soit le mode d'articulation du contrefléau avec le chevalet ou les fenêtres une condition essentielle de bonne fabrication, c'est que les arêtes des couteaux correspondants du contrefléau dans chaque axe d'articulation, forment bien une ligne droite et que le jeu, entre ces arêtes et les plans du chevalet et des fenêtres soit aussi réduit que possible sans être nul.

Certaines balances sont pourvues d'un contrefléau en deux pièces : Voir notamment la balance de Castinel et Bonnet admise le 10 mars 1850. (Dessin dans tous les bureaux de vérification). Dans ces balances, le chevalet est à trois branches et les deux parties du contrefléau sont pourvues de butées disposées de manière à résister aux pressions latérales venant de gauche ou de droite (fig. 45)

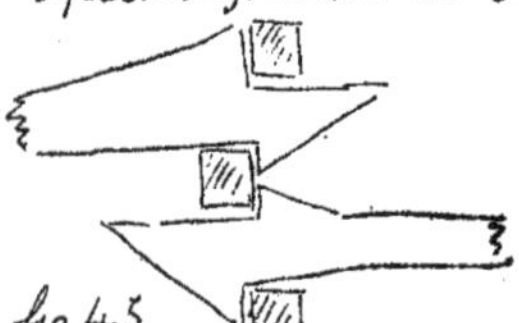

fig 45

De plus la hauteur du plan central d'oscillation peut être continuellement modifiée au moyen de vis de rappel placées en dessous des deux têtes centrales du contrefléau. Nous verrons en parlant de l'ajustage, combien cette disposition était heureuse, et combien il est regrettable qu'elle soit tombée en désuétude.

# CHAPITRE III

## Montage de la balance Roberval
Justesse

### Préparation des pièces

L'ajustage d'une balance Roberval est une opération délicate qui consiste à régler la dimension et la forme des pièces du parallélogramme déformable, de manière que la balance soit juste, c'est à dire que deux charges égales placées chacune sur un des plateaux de la balance se fassent équilibre, constamment, quelle que soit leur position sur les plateaux.

L'ajustage comprend deux séries d'opérations :

1e Préparation des quatre pièces du parallélogramme : fléau contrefléau traverses.

2e L'ajustage proprement dit, qui est la rectification des petites erreurs qui peuvent se présenter dans la préparation des pièces et qui nuisent à la parfaite égalité des cotés correspondants du parallélogramme déformable.

La première série d'opérations fera l'objet du présent chapitre, l'ajustage sera traité au Ch. IV.

## Préparation du Contrefléau.

Nous commençons notre étude par le contrefléau car c'est sur la longueur des bras du contrefléau, que doit être réglée la longueur des bras du fléau.

On commence par couper, dans des barres de fer de section convenable des barreaux légèrement plus courts que la longueur totale du contrefléau. La section de ce barreau varie selon la force des balances. Nous donnerons dans un tableau final les sections couramment admises dans les bonnes maisons, pour les contrefléaux.

D'autre part, on découpe dans des tôles d'acier, ou l'on fait couler en fonte malléable, les pièces qui doivent être fixées au barreau : paillette et plaques de bout.

Ces pièces sont solidement rivées au barreau et l'aspect du contrefléau brut est celui de la fig. 47.

fig 46 paillette plaque de bout

Dans les contrefléaux tout en fonte malléable la plaque de bout et la paillette forment corps avec le barreau du contrefléau, et le contrefléau brut se présente comme fig. 48

La première opération à faire ensuite est la taille des couteaux des butées. Le chanfrein doit avoir une inclinaison de 45° environ ; de plus les arêtes des couteaux correspondants doivent être parfaitement en ligne, de manière que les trois axes ab, cd, ef (fig 49) soient absolument rectilignes, parallèles entre eux et perpendiculaires à la longueur du contrefléau.

Ajoutons que, pour faciliter le mouvement, les faces verticales des têtes du contrefléau qui peuvent se trouver en contact avec les joues des fenêtres ou le pied des colonnes sont taillées légèrement en chanfrein de manière à n'appuyer que par leur arête inférieure contre les faces verticales contigües

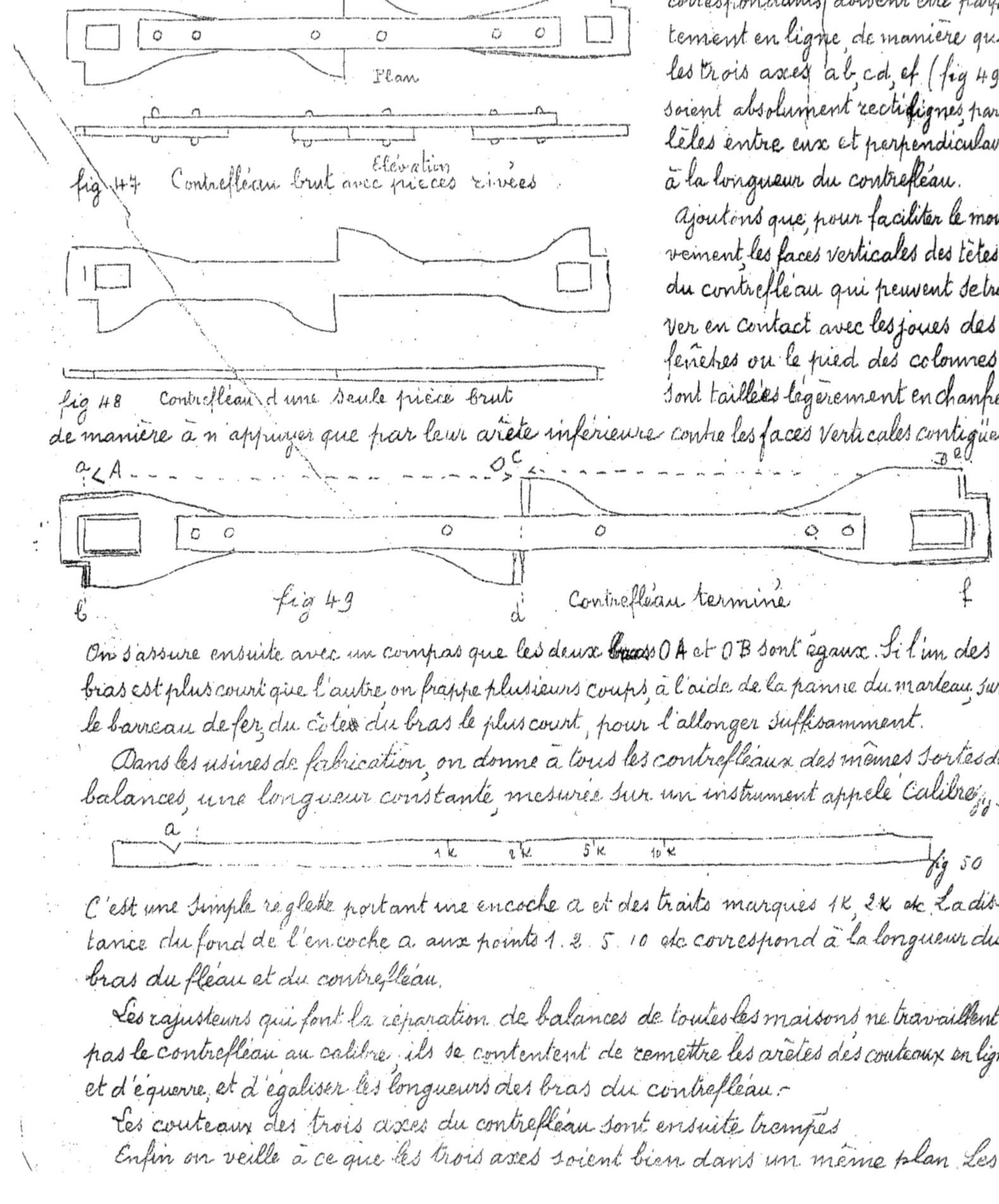


fig 47 Contrefléau brut avec pièces rivées

fig 48 Contrefléau d'une seule pièce brut

fig 49 Contrefléau terminé

On s'assure ensuite avec un compas que les deux bras OA et OB sont égaux. Si l'un des bras est plus court que l'autre on frappe plusieurs coups, à l'aide de la panne du marteau sur le barreau de fer, du côté du bras le plus court, pour l'allonger suffisamment.

Dans les usines de fabrication, on donne à tous les contrefléaux des mêmes sortes de balances, une longueur constante, mesurée sur un instrument appelé Calibre (fig 50)

fig 50

C'est une simple reglette portant une encoche a et des traits marqués 1K, 2K etc. La distance du fond de l'encoche a aux points 1. 2. 5. 10 etc correspond à la longueur du bras du fléau et du contrefléau.

Les rajusteurs qui font la réparation de balances de toutes les maisons ne travaillent pas le contrefléau au calibre, ils se contentent de remettre les arêtes des couteaux en ligne et d'équerre, et d'égaliser les longueurs des bras du contrefléau.

Les couteaux des trois axes du contrefléau sont ensuite trempés

Enfin on veille à ce que les trois axes soient bien dans un même plan. Les rajusteurs opèrent généralement sur un marbre[23]. Les faces inférieures, bien polies, des plaques de bout et de la paillette, appliquées sur le marbre, doivent y adhérer dans toutes leurs parties; au besoin, on dégauchit les parties qui n'adhèrent pas exactement.

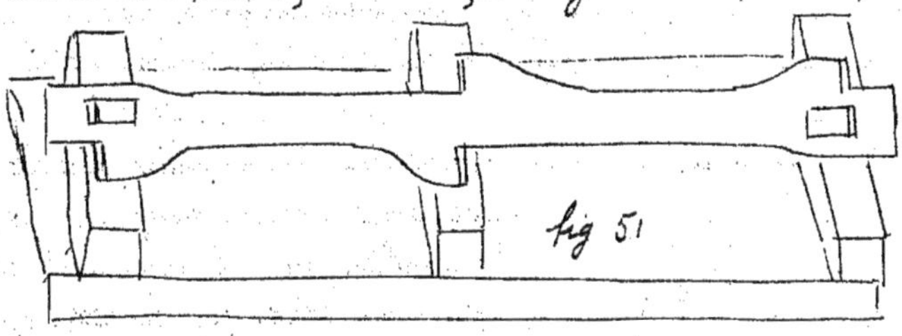

Les fabricants ont pour cela un appareil spécial constitué par trois plans étroits bien dégauchis, qui n'est au fond, qu'un marbre simplifié (fig 51)

fig 51

# Préparation des traverses.

Les traverses brutes sont d'abord dégagées des bavures qui viennent toujours à la fonte. Les enfilures notamment sont bien nettoyées à la lime. Celles qui doivent recevoir des coussinets en arronde ou en V sont limées légèrement en arronde, de manière que les coussinets puissent pénétrer du dehors vers le dedans, sans que, enfoncés à fond ils traversent et tombent à l'intérieur de la traverse et de manière aussi que leur coté affleure la surface extérieure de la joue de la traverse.

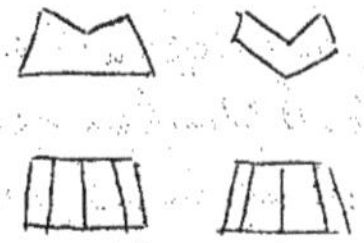

Les coussinets eux-mêmes sont en arronde, ainsi que le montre la fig. 52. – Nous ne dirons rien ici de l'angle à donner aux coussinets: cette question sera étudiée au Chap. de l'Oscillation

Les coussinets, trempés et polis, sont enfoncés dans les enfilures et les joues extérieures sont bien affleurées.

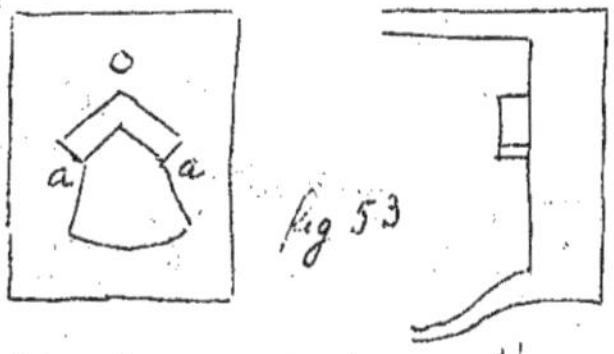

fig 52

On doit éviter que le coussinet étant monté il y ait en a (fig 53) un ressaut sur lequel viendrait accrocher la pointe du couteau de l'axe extrême du fléau et l'empêcherait de tomber franchement dans le fond de la gorge du coussinet.



fig 53

Vue du coussinet monté dans l'enfilure

Le coussinet mis en place est recouvert par un chapeau qui s'étend sur toute la joue de la traverse et qui est maintenu en place par une vis d'assemblage. Le chapeau doit s'appliquer exactement sur la joue et être solidement assujettie par la vis. Nous avons vu qu'il n'est pas d'usage de tremper le chapeau.

Au milieu de la bande on perce le trou fileté destiné à recevoir le goujon du croisillon. Il importe essentiellement que le perçage et le filetage de de ce trou soient faits selon un axe bien vertical.

Ensuite on perce le trou d'assemblage de la fenêtre, au pied de la colonne. Il est nécessaire que la distance du trou de la vis à la ligne du fond des gorges des coussinets soit la même dans les deux traverses d'une même balance. En fait, dans la construction, cette distance est la même pour toutes les balances d'une même sorte.

Pour cela, on monte la traverse, pourvue de ses coussinets sur un faux couteau, placé sous la machine à percer (fig 54). On applique bien les coussinets sur le faux couteau qui fait corps avec le montage, et la tige vient se présenter sous la mèche à percer. De cette façon la distance AB est constante.

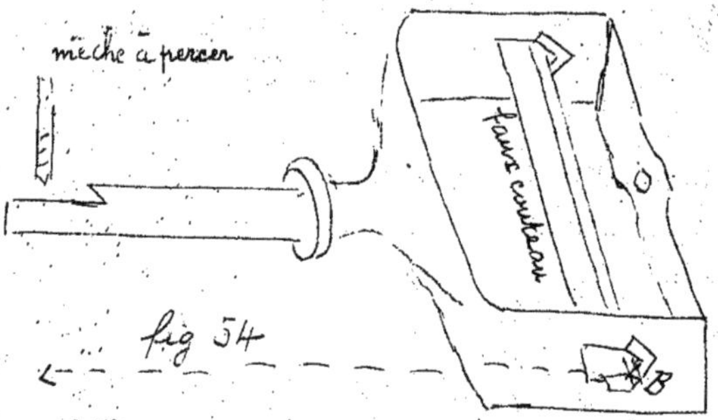

mèche à percer

faux couteau

fig 54

La fenêtre brute est ensuite montée en place et fixée par la vis d'assemblage. On vérifie que la fenêtre ainsi placée est bien assujettie, notamment que les butées b (fig 55) viennent bien appuyer toutes les deux contre les côtés de la tige. Au besoin on remédie aux défectuosités.

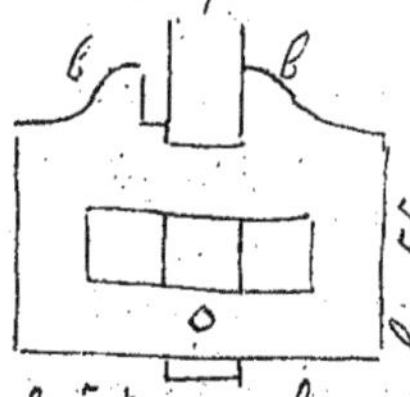

fig 55

fenêtre mal assujettie
La butée de gauche n'appuie pas contre la tige

L'opération suivante consiste à tailler le chanfrein de la fenêtre. Il importe essentiellement que dans les deux traverses d'une même balance la distance qui sépare la ligne du fond des gorges des coussinets et l'arête du couteau de la fenêtre soit la même des deux côtés.

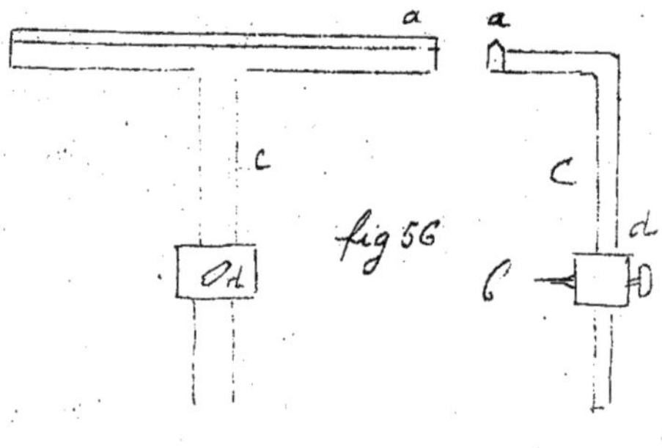

fig 56

Pour obtenir ce résultat, on trace sur le champ de la fenêtre, la place de l'arête du couteau à l'aide d'un trusquin spécial.

Les balanciers rajusteurs se servent du trusquin dessiné ci-dessus (fig 56). On introduit le couteau a dans le fond des gorges du coussinet et on trace l'arête du chanfrein de la fenêtre à l'aide de la pointe b que l'on peut déplacer le long de la tige c et fixer à l'aide de la vis de pression d.

Dans les maisons de fabrication on se sert d'un trusquin plus robuste placé sur un marbre. La traverse est placée de manière qu'elle repose par ses coussinets sur le faux couteau a, la tige appuyée dans la gouttière b. Un traceur mobile C glisse sur le marbre et vient tracer la ligne de l'arête à l'aide de la pointe d (fig 57)

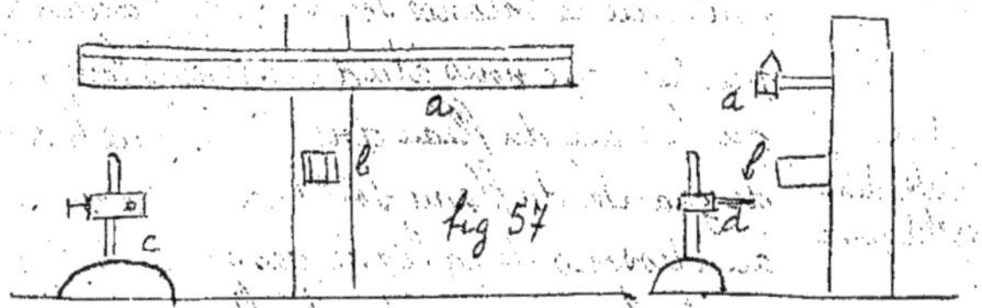

fig 57

La traverse tracée se présente sous l'aspect indiqué par la fig. 58, dans laquelle on voit la ligne m n tracée par le trusquin. Il ne reste plus qu'à tailler à la lime le chanfrein de la fenêtre, de manière que l'arête du couteau suive exactement la ligne m n. La fenêtre ainsi préparée ne sera trempée qu'après l'ajustage définitif.

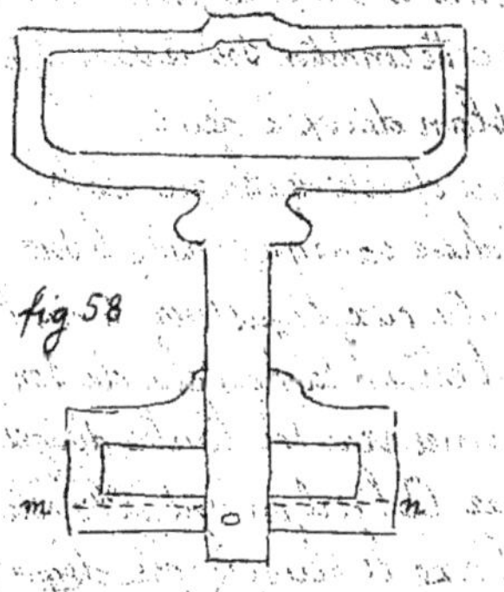

fig 58

Remarquons que le trou de la vis percé dans le pied de la colonne n'est pas taraudé. la vis d'assemblage de la fenêtre ne fait que le traverser. Il faut donc que ce trou soit du diamètre juste nécessaire pour laisser passer la vis: trop grand, la vis aurait du jeu, et avec elle la fenêtre.

Au contraire le trou de la fenêtre est taraudé et c'est la fenêtre qui forme écrou. Aussi faut-il que la fenêtre ait une épaisseur suffisante pour que le trou de vis présente au moins deux tours de filet.

A ce point de vue, les fenêtres fondues, qui présentent un renforcement à l'endroit du trou de vis, sont généralement préférables aux fenêtres découpées trop minces.

## Préparation du fléau

Les fléaux viennent de la fonderie ou de la forge percés de trois trous: l'un au centre les autres aux extrémités, pour le passage des axes en acier; ces trous ont sensiblement le même profil que les axes. Les axes sont enfoncés de force dans les trous, on les assujettis en matant fortement le métal du fléau autour du point d'insertion des axes.

Ceci fait, on blanchit les couteaux des bouts des axes, s'il s'agit d'axes profilés, ou bien on taille les couteaux au burin, s'il s'agit d'axes à section rectangulaire.

Les axes sont ensuite réglés en longueur, en les présentant, celui du milieu sur le support de la balance, ceux des extrémités sur les traverses qu'ils doivent porter. Les bouts des couteaux sont taillés de manière que leur surface extrême soit conique (fig 59) pour qu'ils ne touchent le chapeau que par la que par la pointe. Les couteaux[26] sont ensuite trempés.

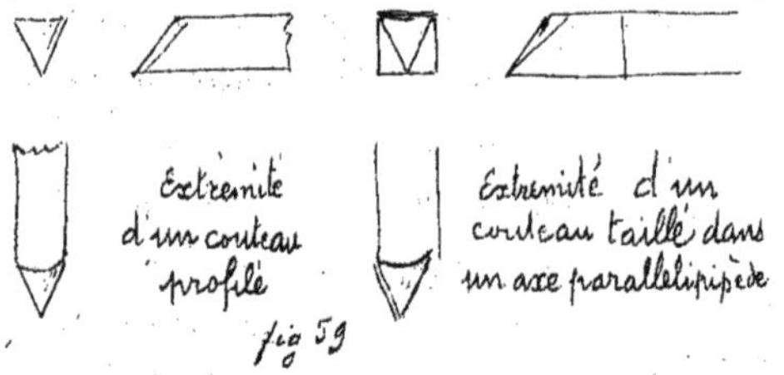

Sans insister sur les conditions nécessaires pour que la balance soit sensible et oscillante, question que nous étudierons plus loin disons que le tracé du fléau doit être tel que le centre de gravité du fléau soit près et légèrement au-dessous de la ligne des arêtes de l'axe central, comme dans tous les fléaux de balances.

Extrémité d'un couteau profilé

Extrémité d'un couteau taillé dans un axe parallélipipède

fig 59

Il faut de plus que les trois couteaux du fléau soient dans un même plan, ce qu'on exprime en disant qu'ils doivent être au fil. Pour que cette condition soit réalisée il faut:

1° Que les trois axes du fléau soient dans un même plan deux à deux;

2° Que leurs extrémités taillées en couteaux soient en ligne droite de chaque côté.

Remarquons que chacune de ces conditions pourrait être réalisée sans que l'autre le soit.

Pour s'assurer que les trois axes sont parallèles entre eux, l'ajusteur tenant le fléau d'une main l'élève à la hauteur de son œil, une extrémité tournée vers soi, l'autre dirigée vers une surface éclairée. A l'œil on voit si l'arête supérieure a a de l'axe le plus éloigné dégauchit l'arête supérieure b b de l'axe central. Puis retournant bout à bout le fléau, on voit de même si l'arête c c de l'autre axe extrême dégauchit la même arête bb.

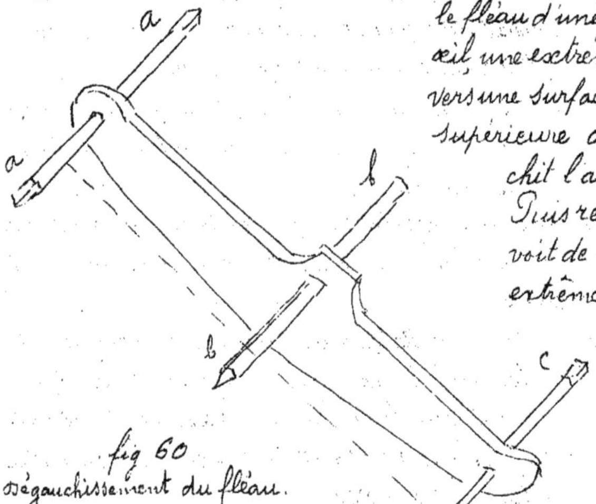

Si non, on fait subir avec les griffes une légère torsion au fléau de manière que les deux axes extrêmes dégauchissent l'axe central.

Cela fait, il reste à s'assurer si les trois couteaux des axes sont en ligne droite. On s'en aperçoit facilement à l'œil, en procédant comme il a été dit ci-dessus c-a-d en élevant le fléau à la hauteur de l'œil, une extrémité vers soi, l'autre dirigée vers une surface éclairée. Mais cette fois on vise, non l'arête supérieure de l'axe central, mais l'arête inférieure, dans la partie taillée en couteau. On



fig 60
Dégauchissement du fléau.

regarde successivement les couteaux de droite, puis ceux de gauche. Si le fil est bon, on doit apercevoir entre les trois couteaux un rayon lumineux très net, sans épaisseur appréciable.

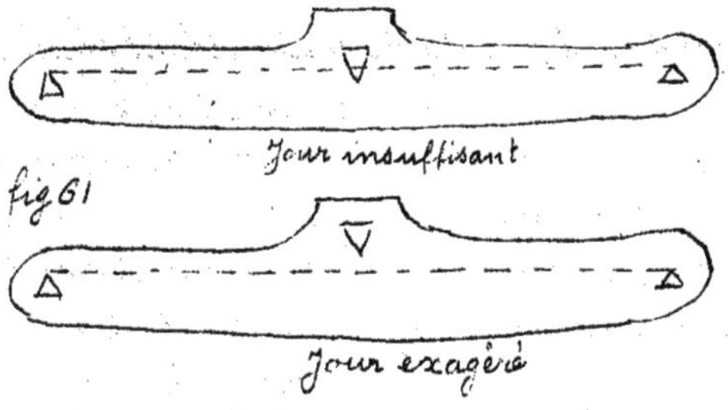

Jour insuffisant

fig 61

Jour exagéré

Si le jour est trop apparent, qu'il soit par exemple de un millimètre, on le réduit en frappant au marteau sur la partie supérieure du bras de fléau appuyé par ses extrémités en porte à faux sur les machoires ouvertes de l'étau. On frappe à petits coups, en regardant chaque fois le travail accompli.

Si au contraire le jour n'apparait pas entre les trois couteaux, on frappe dans le sens contraire, c-a-d qu'on retourne le fléau, l'arête inférieure placée en dessus, le fléau étant appuyé sur l'étau, comme il a été dit ci-dessus.

En procédant ainsi, on arrive rapidement à mettre les trois couteaux dans le même plan.

Réglage du fléau – Pour régler la longueur des bras du fléau, les rajusteurs se servent d'un trusquin représenté ci-contre (fig 62).

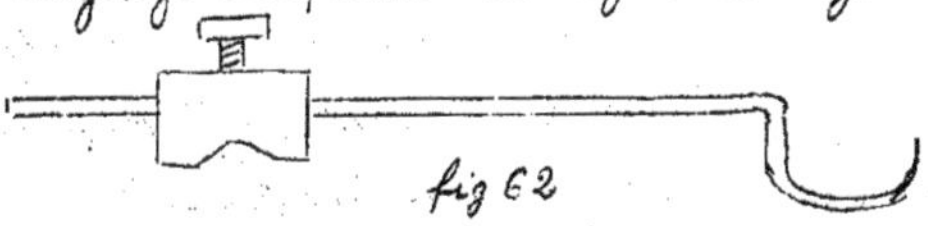

fig 62

On commence par prendre avec un compas la distance a b de l'arête de l'axe central du contrefléau, à l'arête de l'axe extrême du même contrefléau (fig 63). Puis on reporte cette distance sur le trusquin (fig 64) de manière que la distance du fond de l'encoche a à la pointe b soit égale à la longueur du bras du contrefléau.

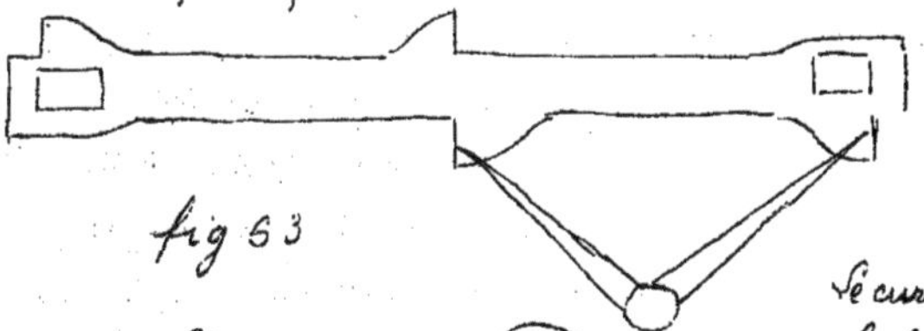

fig 63

Le curseur est fixé en place à l'aide de vis de serrage.

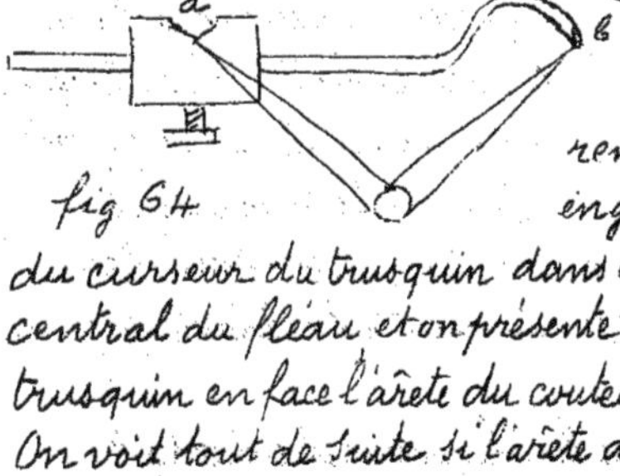

fig 64

Cela fait, et le fléau étant serré par son chef entre les machoires de l'étau, fig 65, dans la position renversée, on engage l'encoche du curseur du trusquin dans le couteau central du fléau et on présente la pointe du trusquin en face l'arête du couteau extrême. On voit tout de suite si l'arête de ce couteau extrême est à un distance convenable du couteau

fig 65

de l'axe central. Si ce couteau extrême est trop loin ou trop près, on rectifie sa position comme il va être dit plus loin.

Dans les maisons de construction on ne se sert pas du trusquin décrit plus haut, on emploie un instrument plus simple, nommé calibre. C'est une simple réglette (fig 66) portant une encoche a et des traits marqués 1K 2K 5K etc, tracés de manière que la distance du fond de l'encoche à chacun d'eux correspond à la longueur admise dans l'atelier pour les bras des balances de force indiquée. On se sert du calibre exactement comme les ajusteurs se servent de leur trusquin.

fig 66

Si le bras de fléau est trop long ou trop court, on rectifie sa longueur en tordant légèrement l'axe extrême dans le sens convenable à l'aide des griffes dessinées ci-contre. fig. 67.

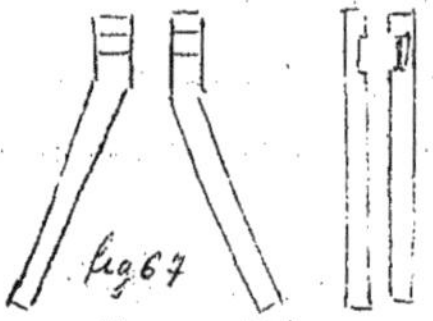

fig 67
griffes de fléau

Les griffes étant placées comme il est indiqué à la fig 68 on rapproche ou on écarte les extrémités des griffes dans le sens convenable. On règle ainsi successivement la position du couteau avant de l'axe de droite puis la position du couteau arrière du même axe. Enfin on procède de la même manière pour l'axe de gauche.

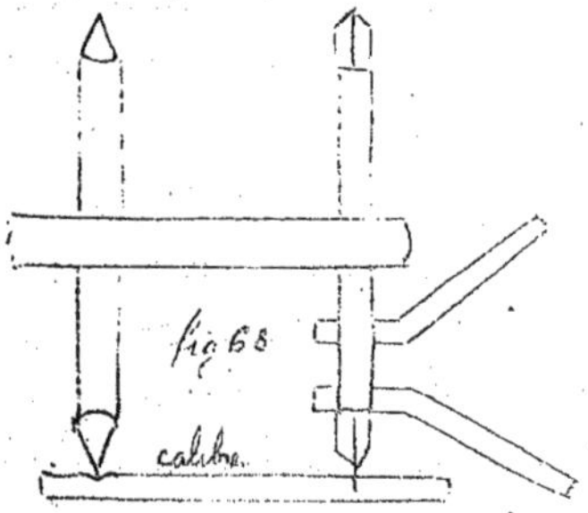

fig 68

Position des griffes pour plier l'axe extrême et ramener la pointe de son couteau au droit du trait du calibre

## Montage de la balance.

Les quatre pièces qui constituent le parallélogramme déformable étant ainsi préparées on procède à l'enfilage du fléau dans les traverses et le support, puis au montage de l'instrument.

L'enfilage consiste à introduire les axes extrêmes du fléau dans les gorges des traverses et à les recouvrir de leurs contreplaques de bout. On vérifie que les axes extrêmes n'ont ni trop, ni trop peu de jeu dans leurs enfilures. Si les axes extrêmes ont trop de jeu, on lime la surface de la joue de la traverse de manière à rapprocher la contreplaque de la pointe du couteau. Si au contraire l'axe extrême a trop peu de jeu, on meule d'une quantité convenable l'extrémité du couteau tout en laissant sa surface conique.

On règle de même le jeu de l'axe central entre les chapeaux du support. Cela fait on procède au montage de la balance.

Le support est d'abord vissé sur le socle à l'aide du goujon fileté, dont l'autre extrémité s'engage dans le trou taraudé du chevalet formant écrou.

Le support est ensuite jaugé. C'est une opération qui a pour but le socle étant posé sur un marbre, de s'assurer, à l'aide d'un trusquin dont la pointe est horizontale, que les gorges des deux branches du support sont bien de niveau. Si l'une des branches était plus haute que l'autre, sous la charge, l'axe central glisserait du côté le plus bas et la pointe du couteau central, de ce côté percerait son chapeau, de plus les traverses ne seraient pas verticales et le contrefléau ne passerait pas exactement entre les branches du chevalet.

Le fléau portant ses traverses enfilées, sans les fenêtres, est mis en place sur le support et les chapeaux sont fixés. A ce moment on se rend compte si les tiges des traverses passent exactement dans les trous des bobines. Au besoin on rectifie la position du support.

C'est le moment de vérifier la course qui doit être égale au dixième de la longueur du fléau. Pour vérifier la course, on se sert dans les maisons de construction d'une jauge spéciale. Comme dans ces maisons, toutes les balances d'une même force ont un fléau de même longueur, on découpe dans une plaque de tôle une sorte d'escalier (fig 69) tel que la distance de la face inférieure à la surface de chacun des échelons soit le $\frac{1}{10}$ de la longueur de chaque fléau, et on marque sur la jauge à quelle force de balance correspond chaque échelon.

10 K 5 K 2 K 1 K

fig 69 Jauge de course

Le fléau étant en place on l'incline d'un côté à fond de course et on introduit la jauge de l'autre côté entre le bourrelet de la traverse et le dessus de la bobine. On voit tout de suite si la balance a trop, ou trop peu de course. - S'il y a trop de course, on dévisse le support et on lime son plan inférieur qui doit être en contact avec le socle, de manière à réduire la hauteur de ce support. - Si au contraire il y a trop peu de course, on introduit une rondelle entre le support et le socle, ou bien on lime la tête des bobines. Si on procède de cette dernière façon, il faut s'assurer que le pied des tiges des traverses ne vient pas toucher le sol.

La course réglée, on met en place le contrefléau et on l'assujettit à l'aide des fenêtres. Le contrefléau mis en place doit passer librement entre les branches du chevalet. S'il ne passe pas librement c'est généralement que le support est mal jaugé. Quelquefois on se contente d'écarter les branches du chevalet, à l'aide de griffes spéciales (fig 70), souvent il faut changer cette pièce ou rectifier la mise en place du support. Une balance bien montée doit osciller librement dans ses articulations.

fig 70 Jauge pour régler l'écartement des branches du chevalet

La balance est ainsi prête à passer à l'ajustage.

Mais avant d'aborder le chapitre de l'ajustage, il convient de dire un mot des repères employés pour identifier les pièces d'une même balance. Les balances sont généralement construites par séries de 50 à 60 d'une même sorte et chaque instrument reçoit un numéro de la série. Ce numéro est inscrit: 1^e au dessous du socle, à la craie et en chiffres arabes, 2^e sur la face supérieure du bras droit du fléau sur la tige des deux traverses et dans quelques maisons sur le bras droit du contrefléau, soit au burin soit à la lime en chiffres romains, suivant une convention que nous allons faire connaître. Le chiffre X est employé le moins possible, devant V ou X, on le remplace par un 1. Voici la suite des nombres:

I II III IIII V VI VII VIII VIIII X XI XII XIII XIIII IV IVI IVII IVIII XIX IX etc.

En outre, pour distinguer les deux traverses l'une de l'autre on donne un coup de lime sur la tige de la traverse de droite et la fenêtre correspondante, même marque sur le bras droit du contrefléau, s'il ne porte pas de numéro.

---

# CHAPITRE IV

## Ajustage de la Balance Roberval

Il semble qu'une balance dont les pièces ont été préparées et qui a été montée avec le soin que nous avons indiqué devrait être exacte, puisque les quatre côtés du parallélogramme déformable sont égaux deux à deux. L'expérience prouve cependant qu'une Roberval, si bien montée qu'elle soit, donne des différences au déplacement des poids lorsque ses deux plateaux sont également chargés. Il est nécessaire de lui faire subir quelques retouches pour corriger les petites inégalités qui existent entre les longueurs de ses parties correspondantes quel que soit le soin apporté dans la construction des pièces: c'est cette opération de retouche qu'on appelle *Ajustage* ou *règlage*.

L'art de l'ajustage de la Roberval a été longtemps gardé comme un secret qui se transmettait par tradition entre gens d'une même famille et il ne manque pas encore aujourd'hui de vieux ajusteurs qui s'enferment dans un mutisme absolu quand on leur demande des explications sur leur travail.

D'autre part les auteurs qui ont écrit sur la question, ou bien se sont tenus dans des généralités sans intérêt pratique, ou bien se sont contentés de dire d'une façon plus ou moins précise et exacte, ce qu'il faut faire pour corriger, dans certains cas les différences constatées dans l'équilibre de la Roberval sans dire le **pourquoi** de la rectification prescrite, de sorte que les balanciers qui se contentent d'étudier leur art dans ces auteurs ne comprennent pas toujours ce qu'ils doivent faire, et n'arrivent pas à un ajustage convenable.

Nous nous proposons, en nous référant aux explications théoriques qui ont été données au Chap. I du présent travail de faire connaître les règles de l'ajustage, de telle façon qu'un ouvrier quelque peu attentif à nos explications puisse, sans hésitation, savoir par quel point pèche une balance Roberval inexacte, et partant ce qu'il faut faire pour y remédier.

Avant toutes explications, nous prions le lecteur de relire et de graver dans sa mémoire les conclusions pratiques données plus haut, page 8, il est inutile de les recopier ici.

Nous y voyons que les inégalités qui causent l'inexactitude de la balance portent: soit sur le fléau, soit sur les traverses, soit sur le contrefléau. De là, trois opérations: 1° ajustage du fléau, 2° ajustage des traverses, 3° ajustage du contrefléau.

## Ajustage du fléau.

La question de l'ajustage du fléau ne présente aucune difficulté.

Nous ne reviendrons pas sur les explications qui ont été données au titre: Préparation du fléau, page 25 et suivantes. Le fléau ayant été préparé de manière que les trois axes soient dans un même plan, et la longueur des bras du fléau réglée sur celle des bras du contrefléau, on remonte la balance. Dans ces conditions, et quel que soit le soin pris dans la préparation du fléau, il est rare que deux masses égales étant placées successivement l'une en un des points A ou C (fig 71) et l'autre en B ou D, la balance se tienne bien en équilibre: il y a toujours quelques rectifications à faire subir à la longueur des bras du fléau pour que cet équilibre soit assuré. Voici comment on procède.

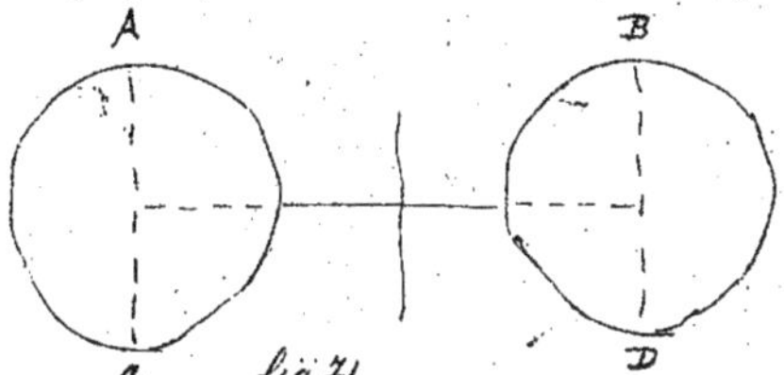

fig 71

On place d'abord l'une des masses égales au centre de l'un des plateaux, en O par exemple. L'autre masse est placée en B (fig 72). Si la chute se fait du côté de B c'est que le bras X B est trop long. Dans ce cas, à l'aide des griffes dessinées page 28 et en procédant comme il est indiqué à la fig. 68 on raccourcit légèrement la distance X B. Si la chute se faisait au contraire du côté de A, c'est

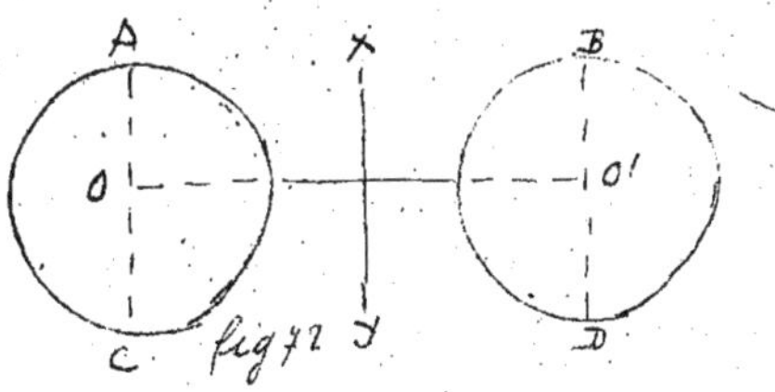

fig 72

que la distance XB serait trop courte, dans ce cas, on allongerait légèrement XB.

Le point B étant ajusté, on porte la masse de droite en D et on fait la même opération.

Les deux points B et D étant reglés, on place la masse de droite au point O'. On place alors la masse de gauche successivement en A et C et suivant le côté où se fait la chute, on ajuste les deux points A et C. – Le fléau est ainsi ajusté et quelles que soient les positions qu'occupent les deux masses égales sur les axes AC et BD, la balance se tient en équilibre.

Pour faire cet ajustage, les professionnels se servent de masses, en fonte ou en cuivre, ayant la forme de poids en cuivre. Il y a même intérêt à employer des masses à diamètre réduit et hauteur surélevée, ce qui permet de mieux les excentrer.

Remarquons qu'après chaque coup de griffes sur les bras de fléau, la tare de l'instrument se trouve dérangée : il faut la refaire avant de passer à un autre point. Les ajusteurs rectifient la tare après chaque coup de griffes, en mettant de la limaille de fer sur le plateau du côté léger. Nous signalons à ce propos une pratique des professionnels. Ceux-ci laissent continuellement les masses sur les plateaux pendant l'ajustage du fléau. Les deux masses étant en A et en B par exemple, s'il y a une chute du côté de B avant de griffer, ils ajoutent de la limaille du côté de B de manière à doubler la chute et à ce moment seulement ils griffent l'axe BD de manière à rétablir l'équilibre ; si alors on soulève les deux masses, on s'aperçoit que la balance est en équilibre, sans tare. S'ils ne procédaient pas ainsi, après avoir rétabli l'équilibre avec les griffes, en soulevant les masses, la balance serait détarée et tomberait du côté de A. Il faudrait tarer du côté de B, et en mettant à nouveau les masses en A et B, la balance tomberait à nouveau du côté de B : l'ajusteur n'aurait fait que la moitié du travail. C'est pourquoi les ajusteurs doublent la chute comme nous avons dit plus haut, de manière à faire tout le travail d'un coup.

## Ajustage des Traverses.

L'ajustage des traverses est une opération beaucoup plus délicate que celle du fléau. La moindre différence dans la longueur des traverses, mesurée de la ligne du fond des gorges des coussinets au chanfrein de la fenêtre, donne des chutes au déplacement des masses sur les plateaux, dans le sens longitudinal.

Nous avons vu, au titre Préparation des traverses, pages 23 et suivantes, que le chanfrein de la fenêtre est tracé à l'aide d'un trusquin spécial que nous avons décrit page 24. Le chanfrein est ensuite taillé à la lime en suivant exactement le trait du trusquin.

Il semble donc que le chanfrein étant ainsi taillé, si l'on remonte la fenêtre, le contrefléau appuyant exactement sur les arêtes des fenêtres, les traverses doivent avoir exactement la même longueur et que la balance ne donne pas de chutes au déplacement des masses. Il en est rarement ainsi et cela tient à une double cause :

1° Le chanfrein de la fenêtre, quelque soin qu'on ait pris est rarement exactement parallèle à la ligne du fond des gorges des coussinets, cause principale.

2° Les deux axes extrêmes du contrefléau, si bien que celui-ci soit dégauchi peuvent n'être pas parallèles, cause secondaire car il est assez facile de faire un contrefléau plan.

De ces deux causes il résulte que le contrefléau, monté sur le chanfrein des fenêtres, est souvent en porte à faux : s'il appuie bien par une de ses extrémités sur le chanfrein correspondant, il n'appuie par l'autre extrémité que par un point fig 73. On dit qu'il boite et c'est la cause des variations constatées au déplacement des masses.

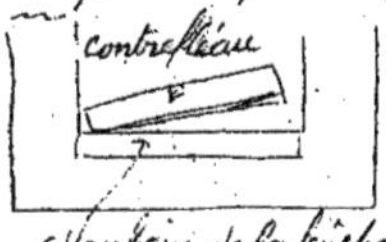

fig 73

Le but de l'opération de retouche qui constitue l'ajustage des traverses, consiste à corriger ces légers défauts de manière que le contrefléau s'applique exactement par ses extrémités sur les deux chanfreins des fenêtres et que ceux-ci soient parfaitement parallèles aux axes du fléau.

fig 74


Le contrefléau peut être considéré comme exécutant des mouvements de renversement autour de deux axes principaux (fig 74) : 1° L'axe longitudinal XY parallèle au contrefléau et qui joint les chanfreins des deux évidements ou mortaises du contrefléau.

2° L'axe oblique VZ qui joint les chanfreins des deux butées extrêmes du contrefléau.

On peut représenter les deux axes ainsi définis à l'aide de la figure schématique ci-contre (fig 75) que nous emploierons habituellement pour nos explications.

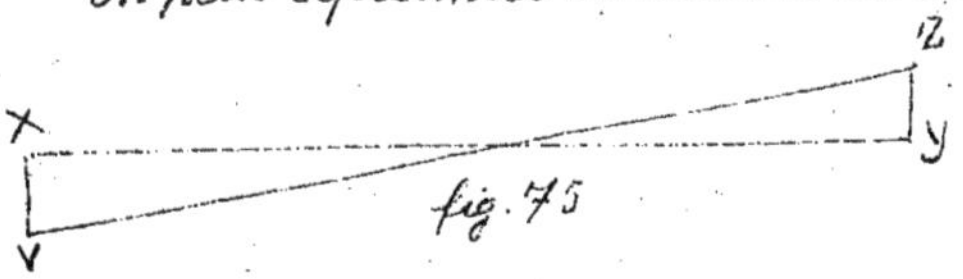

fig. 75

Pour que les rectifications puissent être faites avec intelligence, il faut que le balancier discerne autour duquel de ces deux axes il doit faire renverser le contrefléau.

Nous avons vu aux conclusions pratiques de la page 8 qu'on reconnaît l'inégalité de longueur des traverses en plaçant les masses égales toutes les deux en dehors en A et en B (fig 76) ou toutes les deux en dedans en C et en D. En dehors la chute se fait du côté de la traverse la plus longue, en dedans, la chute se fait du côté de la traverse la plus courte.

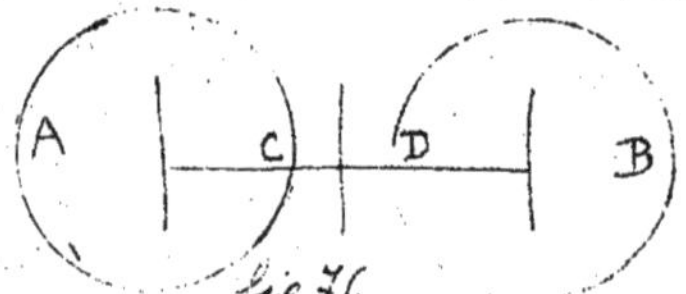

A C D B

fig 76

Or, lorsque les deux masses sont en dehors, c'est-à-dire en A et en B, les pieds des tiges des traverses sont chassés du côté de l'intérieur, en direction du chevalet, les traverses butent par la joue de leurs fenêtres contre les butées du contrefléau. Les couteaux des évidements du contrefléau ne travaillent pas et la résistance du contrefléau se fait suivant la direction de son axe VZ (fig 74 et 75) – Lorsque les masses sont ainsi placées l'une en A l'autre en B, on dit que les masses sont *sur les fenêtres* pour dire que les traverses viennent appuyer par les fenêtres contre le contrefléau.

Au contraire, lorsque les deux masses sont placées toutes les deux en dedans c.à.d en C et en D, les tiges des traverses sont chassées vers le dehors. Les traverses butent par le pied de leur tige contre les chanfreins des mortaises du contrefléau, et celui-ci résiste à cette traction suivant la direction de son axe XY (fig 74 et 75). Lorsque les deux masses sont ainsi l'une en C l'autre en D, on dit que les masses sont *sur les tiges*, pour dire que les traverses viennent appuyer par les tiges contre le contrefléau.

## Étude des différents cas qui se présentent dans l'ajustage des Traverses

Trois cas généraux se présentent dans l'ajustage des traverses, que nous désignerons sous les lettres A. B et C. Ce sont trois étapes successives du travail d'ajustage, le cas C représentant le point de départ du travail c.à.d l'état sous lequel se présente généralement la balance au sortir du montage, le cas B un état intermédiaire par lequel il faut passer pour aboutir enfin au cas A qui est l'étape finale du travail. Logiquement nous devrions étudier les trois cas dans l'ordre C. B. A. Pour la facilité des explications nous suivrons l'ordre inverse.

A. – Le contrefléau étant plan, les axes d'articulation du contrefléau et des fenêtres sont parallèles aux axes du fléau, et les traverses ont des longueurs égales.

C'est le cas de l'ajustage parfait. On reconnait qu'on est arrivé à ce résultat lorsque les masses égales étant placées successivement en A et en B puis en C et D (fig 76) l'équilibre se maintient. C'est à ce résultat qu'il faut aboutir; c'est le but de l'ajustage des traverses.

B. – Le contrefléau étant plan les axes d'articulation du contrefléau avec les fenêtres sont parallèles aux axes du fléau; mais les traverses ont des longueurs inégales.

On reconnait qu'on est dans ce cas, lorsque les masses étant placées toutes les deux en dehors, sur les fenêtres, la balance tombe d'un côté, les masses étant ensuite placées toutes les deux en dedans sur les tiges, la balance tombe de l'autre côté d'une même quantité. - Dans ce cas, les balanciers ont coutume de dire que la différence est partagée sur les traverses.

fig 77

Examinons ce qui se passe quand la différence est partagée sur les traverses. (fig 78)

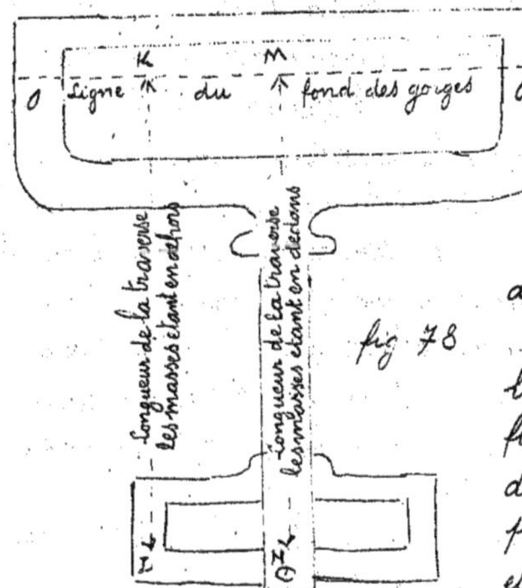

Lorsque les masses sont toutes les deux en dehors, le contact de la traverse et du contrefléau se fait par la joue de la fenêtre, en I et la butée du contrefléau. La longueur de la traverse doit, dans ce cas, être prise entre la ligne O O' qui joint le fond des gorges des coussinets et la ligne du chanfrein de la fenêtre au droit de la joue de la fenêtre, c'est à dire entre K et I.

Au contraire lorsque les deux masses sont placées toutes les deux en dedans, le contact de la traverse et du contrefléau se fait par le pied de la tige et le chanfrein de la mortaise du contrefléau. La longueur de la traverse est alors donnée par la distance M N qui sépare la ligne du fond des gorges et le chanfrein de la fenêtre, au droit de la colonne.



fig 78

traverse vue du chevalet

Il est évident que, dans chacune des traverses, les longueurs KI et MN étant égales, puisque le chanfrein de la fenêtre est supposé parallèle à la ligne du fond des gorges et partant aux axes du fléau, la balance se comporte d'une façon constante que les masses soient placées sur les plateaux, soit en dehors, soit en dedans.

Mais si la traverse de droite est plus longue que la traverse de gauche, la chute se fait

fig 79

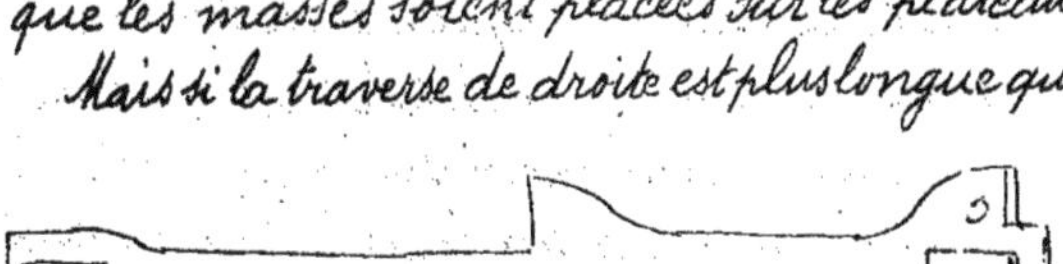

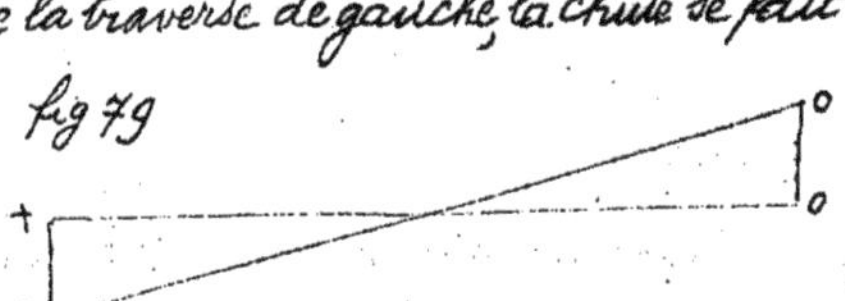

Contrefleau vu en dessus à travers le socle supposé transparent

Schema de la figure ci-contre

(Les deux couteaux de l'extrémité de droite étant cotés O, les deux couteaux de gauche sont cotés +)

conformément à la règle posée à la pag. 8 savoir : à droite lorsque les masses sont en dehors et à gauche lorsqu'elles sont toutes les deux en dedans, ainsi que le montre la fig 77.

On peut représenter à l'aide du croquis coté ci-dessus, fig 79, la position qui occupe alors le contrefleau, lorsque le fleau est horizontal. L'extrémité de droite du contrefleau étant à un plan que nous cotons 0, comme la traverse de gauche est plus courte que celle de droite, il en résulte que l'extrémité de gauche du contrefleau se trouve dans un plan plus élevé que nous cotons + pour indiquer qu'il est plus haut au-dessus de la table qui supporte la balance, que le plan de l'extrémité droite.

L'opération d'ajustage dans le cas qui nous occupe, consiste à ramener les deux traverses à avoir la même longueur, tout en maintenant le parallélisme des axes d'articulation du contrefleau avec les axes du fleau de manière à retomber sur le cas A. Pour cela, il faut allonger la traverse de gauche, en limant le chanfrein de la fenêtre de gauche sur toute sa longueur, de manière à mettre les deux traverses de même longueur.

Il est évident qu'on n'obtiendra ce résultat que par tatonnements, en essayant plusieurs fois les charges. Il peut même se faire qu'on allonge trop la fenêtre de gauche et qu'il faille à son tour tailler sur toute sa longueur le chanfrein de la fenêtre de droite : cela demande une certaine habileté qui ne s'obtient que par la pratique.

Signalons un procédé défectueux employé par certains ajusteurs pour régler la longueur de leurs traverses, dans le cas qui nous occupe, c'est-à-dire lorsque la différence est partagée sur les traverses :

Il consiste à raccourcir la traverse longue, par le moyen qui va être indiqué, au lieu d'allonger la traverse courte, comme il vient d'être dit.

Pour raccourcir la traverse longue, l'ajusteur mate le champ de la fenêtre généralement en deux points, un de chaque côté de la colonne, fig 80, de manière à former au-dessus de la ligne du chanfrein, deux petites saillies S sur lesquelles vient reposer le contrefleau.

S S
O

fig 80

Cette pratique est essentiellement défectueuse en ce que le contrefleau s'appuyant seulement sur les sommets des saillies, au lieu de s'appuyer sur toute la ligne du chanfrein l'usure sur ces deux points est plus rapide que lorsque le contact a lieu sur tout le chanfrein. D'autre part, pour la stabilité du contrefleau l'axe d'articulation formé par les points en contact du contrefleau et du chanfrein de la fenêtre doit être déterminé par une ligne aussi longue que possible : ici cet axe est déterminé par la ligne qui va d'un sommet à l'autre des saillies S laquelle est nécessairement plus courte que lorsque le contrefléau repose de toute sa largeur sur le chanfrein ; il en résulte que le contrefléau a une tendance plus grande à se déverser.

Ce procédé peut cependant être employé quelquefois il faut le reconnaître, en rajustage, c'est lorsque le champ d'une des fenêtres a déjà été limé antérieurement, au point que le chanfrein ~~a déjà été limé antérieurement, au point que le chanfrein~~ arrive à affleurer le trou de la vis servant à l'assujettissement de la fenêtre. Si, dans ce cas, l'ajustage exige que cette fenêtre soit encore limée, on ne pourrait plus le faire sans compromettre la solidité de la fenêtre puisqu'en abaissant encore le niveau du chanfrein, on atteindrait le trou de la vis. Dans ce cas, il faut bien raccourcir l'autre traverse en matant le champ de sa fenêtre. Mais il faut avoir soin de la mater sur toute sa longueur, de manière à pouvoir refaire un nouveau chanfrein sur lequel le contrefléau vienne s'appuyer de toute sa largeur.

C.— Le contrefléau étant plan, les axes d'articulation du contrefléau avec les fenêtres ne sont pas parallèles aux axes du fléau.

On reconnait tout de suite ce défaut lorsqu'en plaçant les masses égales toutes les deux en dedans ou toutes les deux en dehors, la balance ne se tient pas en équilibre et que la différence n'est pas partagée sur les traverses, c'est-à-dire que les chutes ne sont pas égales et de sens contraire lorsque les masses sont placées toutes les deux en dehors ou toutes les deux en dedans. C'est en somme le cas général des balances sortant du montage et envoyées à l'ajustage.

Il est difficile d'énumérer tous les cas de chute qui peuvent se présenter, en indiquant le remède à apporter à l'instrument pour retomber sur le cas B, c'est-à-dire pour que la différence soit partagée sur les traverses, du moins de les énumérer dans un ordre logique. Mais tous les cas peuvent se ramener à trois exemples types auxquels puissent être rapportés tous les autres. Nous allons examiner ce qui se passe dans ces trois exemples types de manière que l'ajusteur sache en tirer des enseignements qui le guideront dans tous les cas.

Nous avons vu, page 33 que le contrefléau qui repose sur des chanfreins de fenêtres non parallèles à la ligne du fond des gorges des coussinets peut être considéré comme incliné suivant deux axes XY et VZ l'un longitudinal, l'autre oblique.

En raisonnant, l'ajusteur peut toujours reconnaître suivant quel axe le contrefléau est incliné. L'opération d'ajustage consiste alors : 1° a partager la différence sur les traverses, c'est à dire à ramener les ~~fenêtres~~ chanfreins des fenêtres à être parallèles aux axes du fléau, pour retomber sur le cas B ; 2° à régler **la longueur des traverses** pour retomber sur le cas A, c'est à dire sur l'ajustage parfait.

Examinons les trois exemples-types pour en tirer une règle pratique qui puisse guider dans tous les cas.

1er Exemple. – Les masses étant sur les tiges, la balance est en équilibre ; les masses étant ensuite portées sur les fenêtres, la balance tombe d'un côté (cas représenté par la figure 81).

fig 81

Puisque les masses étant placées sur les tiges, la balance est en équilibre, c'est que les traverses ont la même longueur, mesurée du fond des gorges au chanfrein de la fenêtre, au droit des colonnes.

Et puisque les masses étant placées sur les fenêtres, la balance tombe à droite, c'est que la traverse de droite mesurée du fond des gorges au chanfrein de la fenêtre au droit de la joue de la fenêtre est plus longue que la traverse de gauche, mesurée dans les mêmes conditions.

Si l'on regardait la balance par son extrémité de gauche à travers le socle supposé transparent on verrait les deux chanfreins des fenêtres tels qu'ils sont représentés ci-dessous. fig 82.

a O b — c O d

fenêtre de gauche vue par la gauche de la balance — fenêtre de droite vue par la gauche de la Balance

fig 82

Dans ce cas, on peut coter comme il est indiqué à la fig. 83, la position du contrefléau lorsque le fléau est horizontal.

Il faut donc renverser le contrefléau d'arrière en avant de manière que ses axes d'articulation, c-est-à-dire les arêtes des fenêtres soient parallèles aux axes du fléau.

fig 83

contrefléau vu en dessus à travers le socle supposé transparent — Schema de la fig. ci-contre

(Les deux points de contact aux évidements du contrefléau étant cotés O, les contacts au droit des butées du contrefléau sont cotés celui de gauche +, celui de droite – )

Pour cela il faut limer les chanfreins des fenêtres selon les lignes a b et c d (fig 82) ce qui permettra au contrefléau de se renverser en avant.

Lorsque les lignes a b et c d seront parvenues à être **parallèles aux axes du fléau** la balance ne sera probablement encore pas ajustée, mais on aura <u>partagé la différence</u> sur les traverses et on sera retombé sur le cas B. Il ne restera qu'à limer horizontalement le chanfrein de la traverse trop courte pour retomber sur le cas A

Remarque. - Dans l'exemple précédent, nous avons supposé que l'inclinaison d'avant vers l'arrière du contrefleau venait de ce que les chanfreins des deux fenêtres étaient tous les deux taillés avec une pente d'avant vers l'arrière. Mais il n'est pas nécessaire que cette double condition soit réalisée pour que le contrefleau s'incline dans le sens indiqué : il suffit qu'un des chanfreins soit taillé dans le sens de l'inclinaison. Si c'est, par exemple, le chanfrein de gauche qui est mal taillé, celui de droite étant parallèle à la ligne des gorges des coussinets, le contrefleau prend la position indiquée ci-dessous (fig. 84)

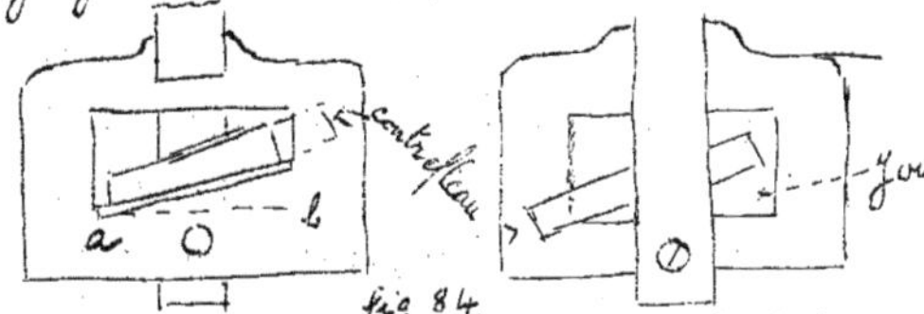

Le contrefleau repose bien sur le chanfrein de la fenêtre de gauche mais à droite il est en porte à faux et il laisse un jour entre sa face inférieure et le chanfrein de la fenêtre.



fig 84

Fenêtres vues par l'extrémité gauche de la balance.

Dans ce cas, il est évident qu'il n'y a lieu de limer que le chanfrein de gauche suivant a b, mais qu'il n'y a pas lieu de limer le chanfrein de droite pour partager la différence.

Pour reconnaître s'il y a du jour, à une extrémité ou à l'autre, entre le contrefleau et les chanfreins des fenêtres, l'ajusteur prend la balance à deux mains par les branches du support et l'élève au-dessus de ses yeux de manière à voir le dessous du socle, en dirigeant le tout vers une surface éclairée il voit tout de suite s'il y a un jour à l'une des fenêtres, et il lime en connaissance de cause la fenêtre dont le chanfrein n'est pas parallèle à l'axe du fléau, en se souvenant toujours que, dans l'exemple qui nous occupe, il faut faire exécuter au contrefleau un mouvement de renversement d'arrière en avant.

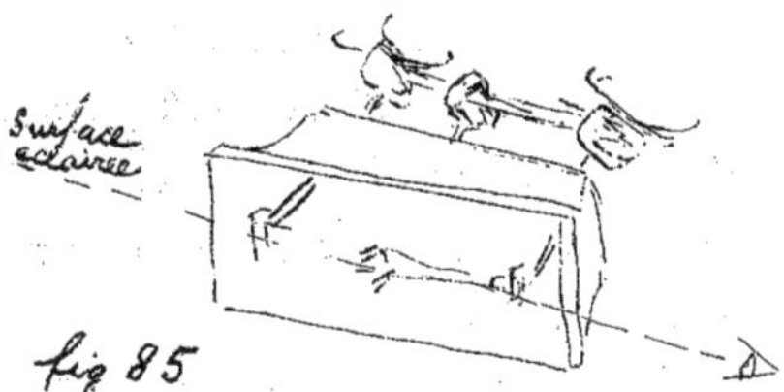

fig 85

2e Exemple. - Les masses étant sur les fenêtres la balance est en équilibre, les masses étant ensuite portées sur les tiges, la balance tombe d'un coté. (cas représenté fig. 86)

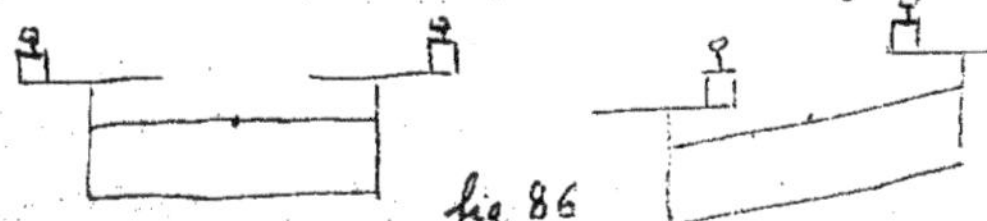

fig 86

Puisque les masses étant placées sur les fenêtres la balance est en équilibre, c'est que les traverses ont la même longueur mesurée du fond des gorges au chanfrein de la fenêtre, au droit des butées du contrefleau.

Et puisque les masses étant placées sur les tiges, la balance tombe à gauche, c'est que la traverse de gauche, mesurée du fond des gorges au chanfrein de la fenêtre au droit des tiges est plus courte que la traverse de droite, mesurée au même endroit.

On peut coter ainsi (fig. 87) la position du contrefléau :

fig 87

Contrefléau vu en dessus, à travers le socle supposé transparent — Schéma de la figure

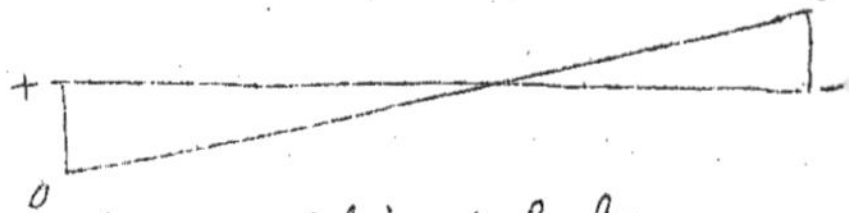

Si l'on regardait la balance par son extrémité de gauche, à travers le socle supposé transparent, on verrait les chanfreins des fenêtres tels qu'ils sont représentés fig 88.

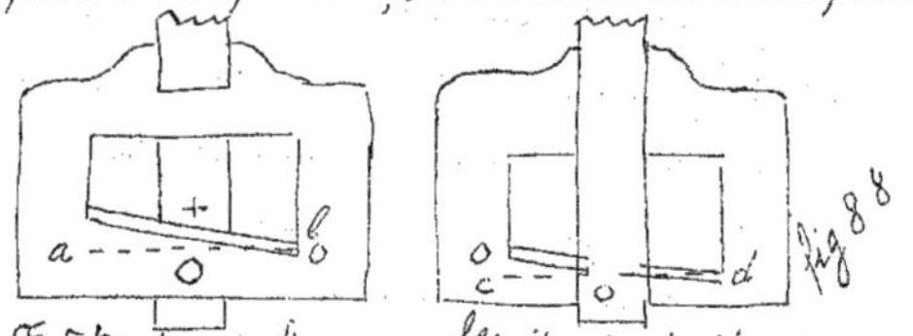

Fenêtre de gauche vue par la gauche de la balance — Fenêtre de droite vue par la gauche de la balance — fig 88

Il est évident que, dans ce cas, il faut faire renverser le contrefléau d'avant en arrière. Pour cela il faut limer les chanfreins selon les directions a b et c d.

Mais il y a lieu de tenir compte de la remarque qui a été faite à propos de l'exemple précédent. Il faut que l'ouvrier élève la balance au-dessus de ses yeux et qu'il regarde par dessous pour s'assurer que le contrefléau appuie bien par ses deux extrémités sur les chanfreins. S'il voit un jour d'un côté, il en tient compte pour limer d'une quantité convenable le chanfrein correspondant, ainsi que l'autre. Le but à atteindre, nous l'avons dit, est de renverser le contrefléau d'avant en arrière, jusqu'à ce que la différence soit partagée sur les traverses, et qu'on retombe sur le cas B, puis on achève l'ajustage pour retomber sur le cas A.

3e Exemple. — Les masses étant placées sur les fenêtres, la balance tombe d'un côté, les masses étant portées sur les tiges, la balance tombe du même côté. (Cas représenté par la fig. 89.)

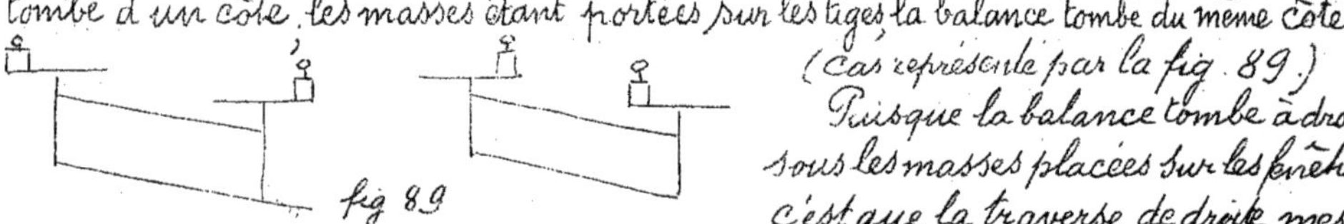

fig 89

Puisque la balance tombe à droite sous les masses placées sur les fenêtres, c'est que la traverse de droite mesurée du fond des gorges au chanfrein de la fenêtre au droit des butées du contrefléau est plus longue que la traverse de gauche mesurée au même endroit.

Et puisque la balance tombe à droite sous les masses placées sur les tiges, c'est que la traverse de droite mesurée du fond des gorges au chanfrein de la fenêtre, au droit des tiges, est plus courte que la traverse de gauche mesurée au même endroit.

On peut coter ainsi qu'il suit la position du contrefléau (fig. 90)

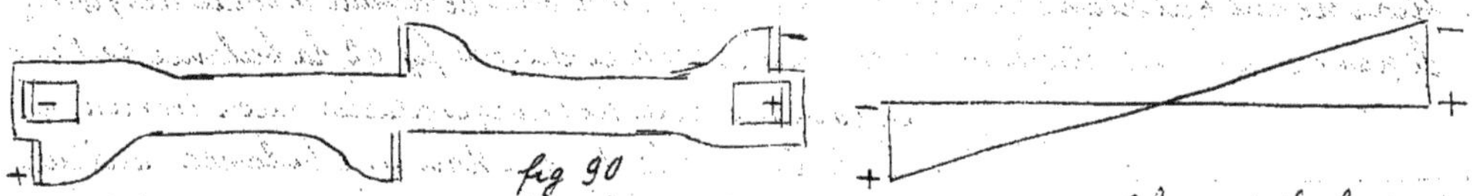

fig 90

Contrefléau vu en dessus à travers le socle supposé transparent

Schema de la figure

Dans cet exemple, le contrefléau est incliné de la droite vers la gauche, et renversé d'avant en arrière.

Si l'on regardait la balance par son extrémité de gauche, à travers le socle supposé transparent, on verrait les chanfreins tels qu'ils sont dessinés ci-dessous (fig. 91)

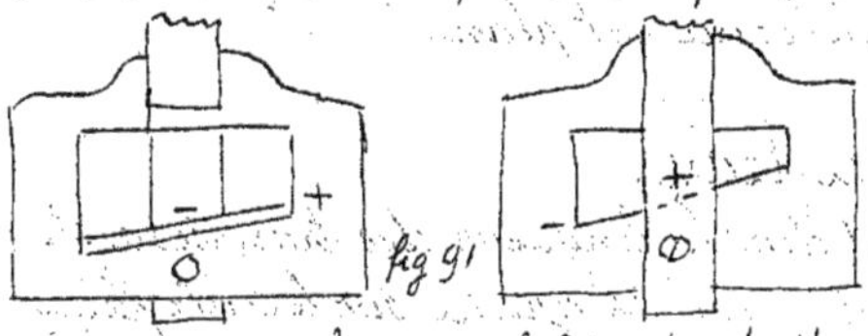

fig 91

fenêtre de gauche — fenêtre de droite
vues par la gauche de la balance

L'opération d'ajustage consiste d'abord à renverser le contrefléau d'arrière en avant, en limant les chanfreins de manière à les ramener à être parallèles aux axes du fléau, c-a-d à partager la différence sur les traverses, puis à achever l'ajustage comme à l'ordinaire.

Ici encore et comme toujours, il faut s'assurer avant tout en élevant la balance au-dessus des yeux s'il y a des jours entre le contrefléau et les chanfreins, afin de limer chaque chanfrein de la quantité nécessaire. Tout ceci est question de pratique et un ouvrier attentif voit tout de suite après qu'il a élevé la balance au-dessus de ses yeux en quel point il faut qu'il touche.

## Remarques sur les trois exemples ci-dessus.

I.– Les trois exemples étudiés ci-dessus comprennent tous les cas qui peuvent se présenter dans l'ajustage des traverses lorsque les chutes sont égales, soit qu'on place les masses sur les fenêtres, soit qu'on les place sur les tiges. Si les chutes se font dans le sens contraire d'un des exemples que nous avons pris, il suffit de retourner la balance de bout en bout pour retomber sur l'exemple étudié.

II.– Il arrive souvent que dans chacun des exemples types étudiés, les chutes ne sont pas égales à droite ou à gauche. Cela tient tout simplement à un plus ou moins grand dénivellement des extrémités des axes du contrefléau, mais ne change pas le sens dans lequel doit être fait le redressement du contrefléau.

III.– Dans les exemples que nous avons étudiés, nous avons toujours supposé que le contrefléau est plan c-a-d que les lignes de ses chanfreins extrêmes sont parallèles. Ce dégauchissement exact du contrefléau est assez facile à obtenir, surtout si l'on prend les précautions indiquées pages 22 et 23, et en général il n'y a pas lieu de rechercher, dans le contrefléau la cause des chutes sur les traverses. Il peut arriver cependant que le contrefléau ne soit pas plan, et généralement on ne peut déceler ce défaut à l'aide des poids. Si par exemple le contrefléau est tel qu'il est coté ci-dessous, fig. 92, la balance se tient en équilibre sous les charges placées successivement sur les fenêtres et les tiges. Mais une balance pourvue d'un tel contrefléau oscille mal, surtout si les articulations du contrefléau et des fenêtres ont peu de jeu; et un ajusteur expérimenté découvre assez vite le défaut. Pour y remédier, il démonte le contrefléau et il lui fait subir une légère torsion à l'aide des griffes dessinées fig 99 et il s'assure au moyen du marbre représenté fig 51, ou à l'œil que le contrefléau est plan.

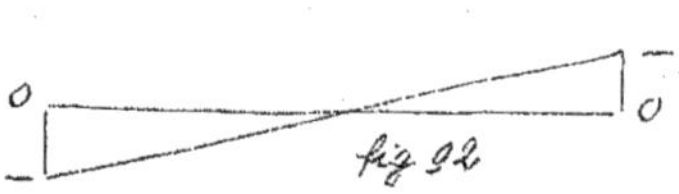

fig 92

## Ajustage du Contrefléau.

Une balance ajustée sur le fléau et dont la longueur des traverses a été réglée ainsi qu'il vient d'être dit ci-dessus, doit encore être ajustée sur le contrefléau, de manière à amener les 3 axes d'articulation de cette pièce ainsi que ses bras à être bien parallèles aux axes et aux bras du fléau.

Les explications théoriques qui ont été données au Chap. I établissent que la balance bien ajustée sur le fléau et sur les traverses et dont le plan du fléau est parallèle au plan du contrefléau, se tient en équilibre lorsque les masses égales sont placées sur le contrefléau.

On dit que les charges sont sur le contrefléau lorsqu'elles sont placées l'une en dedans, l'autre en dehors sur deux plateaux différents. (fig 93)

Lorsque les charges sont placées sur les tiges, c-à-d toutes les deux en dedans, ou sur les fenêtres c-à-d toutes les deux en dehors, l'axe médian du contrefléau ne travaille pas puisqu'il est sollicité par deux forces égales de sens contraire, qui se détruisent.

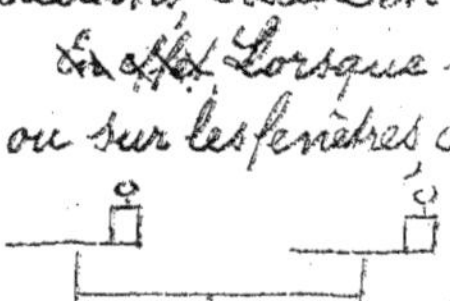

fig 93

Les charges sont sur le contrefléau

Au contraire lorsque les charges sont placées comme il est indiqué fig 93, l'axe central du contrefléau est sollicité par deux forces égales qui tendent toutes les deux à repousser cet axe de droite à gauche (fig 94). Dans ce cas, c'est la butée arrière a de la paillette qui vient porter contre la branche correspondante du chevalet. l'autre butée b ne porte pas. Dans la position inverse des charges

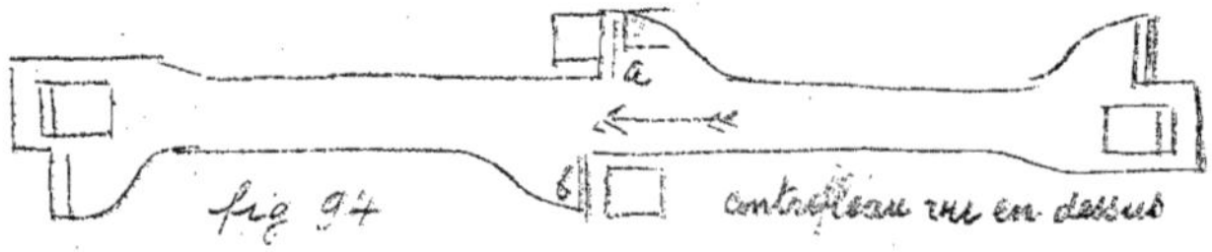

fig 94

contrefléau vu en dessus

c'est la butée b qui porte, et la butée a ne porte pas.

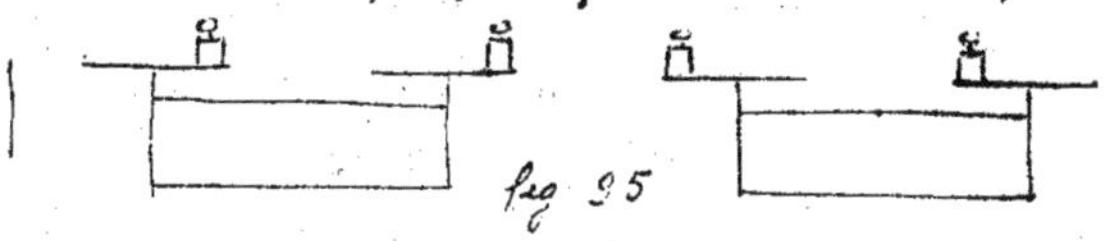

fig 95

Si donc la balance se tient en équilibre sous les charges placées successivement dans les deux positions indiquées ci-dessus (fig 95) on en doit conclure (application de la conclusion 3 de la page 8) que l'axe CD (fig 96) est dans le même plan que les axes AB et EF et que, par conséquent les bras BD et CE du contrefléau sont parallèles aux bras du fléau.

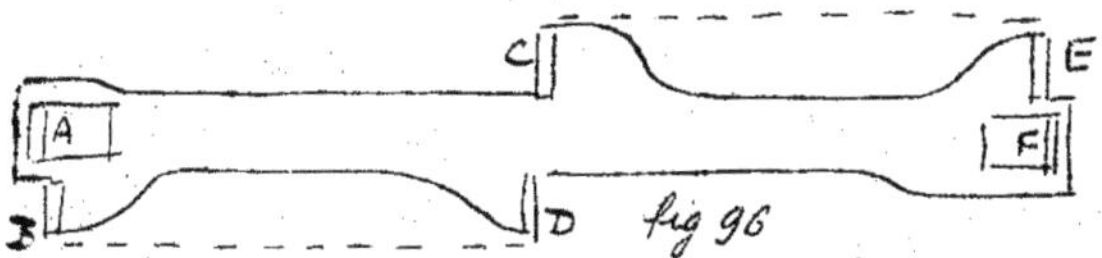

fig 96

Mais cette condition est rarement réalisée avec exactitude dans les balances qui viennent d'être montées. De là la nécessité de leur faire subir une opération d'ajustage du contrefléau, opération qui se fait immédiatement après l'ajustage des traverses.

Le but de l'ajustage du contrefléau est de ramener ses trois axes à être parallèles aux axes du fléau, et ses bras à être parallèles aux bras du fléau.

Trois cas peuvent être envisagés dans l'ajustage du contrefléau, lesquels correspondent aux trois cas A B C de l'ajustage des traverses. Nous désignerons par D. E. F les trois cas à envisager dans l'ajustage du contrefléau:

D. Les trois axes et les bras du contrefléau sont parallèles aux axes et aux bras du fléau. C'est le cas de l'ajustage parfait du contrefléau.

E. La différence est partagée sur le contrefléau, ce qui se produit quand les axes du contrefléau sont parallèles aux axes du fléau, mais les bras ne sont pas parallèles.

F. L'axe central du contrefléau n'est pas parallèle aux axes extrêmes, cas le plus général pour les balances venant du montage, même après qu'elles ont été ajustées sur le fléau et sur les traverses.

Nous étudierons ces cas dans l'ordre inverse, car les opérations d'ajustage du contrefléau ont pour but de faire passer la balance du cas F au cas E puis au cas D.

F - Les axes du contrefléau ne sont pas parallèles entre eux. -

Nous ne reviendrons pas sur le cas où les deux axes extrêmes ne sont pas parallèles entre eux que nous avons déjà traité à la remarque III page 41. Il faut

fig 97

indemment commencer, s'il y a lieu, par mettre ces deux axes dans le même plan, et veiller au cours de la suite de l'opération à ne pas les en déranger, ainsi que nous le dirons.

Mais la défectuosité du contrefléau qui produit l'effet représenté fig 97 consiste en ce que l'axe central du contrefléau n'est pas parallèle aux axes extrêmes. En effet, lorsque les masses sont dans la position représentée par le dessin de gauche de la fig. 97, c'est l'ailette C (fig 96) de la paillette qui porte contre la branche du chevalet ; dans la position figurée à droite, fig 97, c'est l'ailette D qui porte. La conclusion n° 3 de la page 8 indique que les deux bras du contrefléau ne sont pas parallèles aux bras du fléau ; le point C est trop haut, et le point D est trop bas. On peut coter ainsi qu'il suit (fig 98) la position des axes du contrefléau. L'axe CD est gauche par rapport aux deux axes extrêmes.

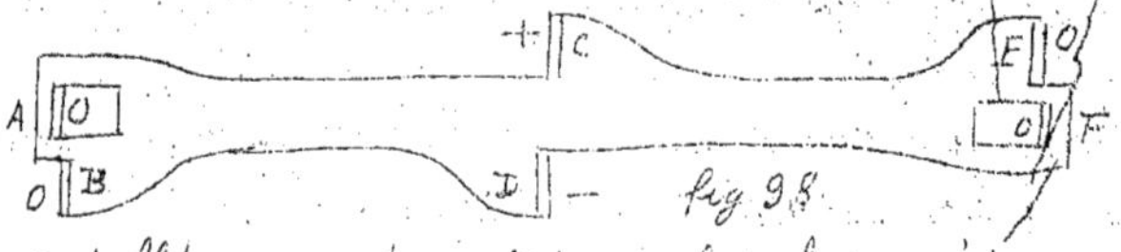

fig 98

Contrefléau vu en dessus à travers le socle supposé transparent

Le remède consiste à dégauchir l'axe CD de manière à le ramener à être parallèle aux deux autres. On se sert pour cela des deux griffes dessinées ci-contre, fig 99. Le but à atteindre est de relever l'ailette D et d'abaisser l'ailette C.

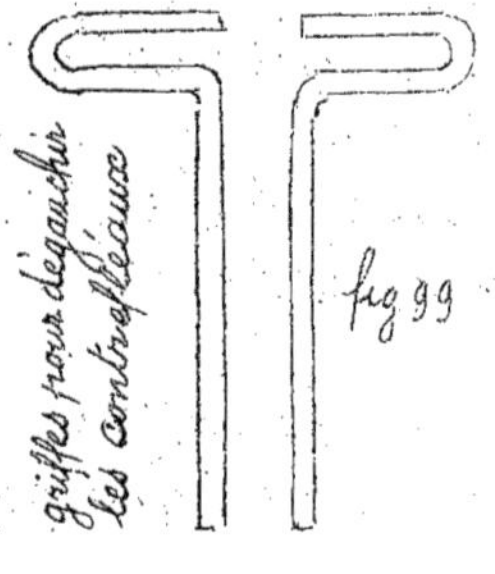

fig 99

griffes pour dégauchir les contrefléaux

Pour opérer le dégauchissement, on retourne la balance sens dessus dessous, de manière que la face inférieure du contrefléau se présente en dessus. Remarquons que dans cette nouvelle position le contrefléau se présente avec le même gauchissement que dans la position normale : l'ailette D (fig 100) la plus éloignée de l'ajusteur est plus haute que les axes extrêmes et l'ailette C trop basse.

On engage les deux griffes dans le bras droit du contrefléau, fig 100 ; puis on fait exécuter au contrefléau un mouvement de torsion, en tenant les griffes, une dans chaque main et en les poussant dans le sens indiqué par les flèches. On ramène ainsi l'axe DC à être pa-

fig 100

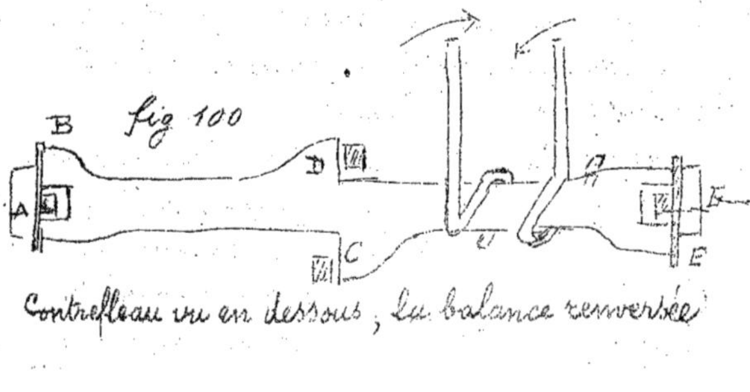

Contrefléau vu en dessous, la balance renversée

rallèle à l'axe FE. Mais l'axe AB a suivi le mouvement de l'axe DC, et au point où nous sommes arrivés dans le travail, l'axe AB est gauche par rapport aux axes DC et EF: le point B est devenu trop bas. En plaçant les griffes de la même façon sur le bras gauche du contrefléau et en tordant celui ci dans le sens convenable on ramène l'axe AB à être parallèle aux deux autres. Ainsi le contrefléau est dégauchi. On peut représenter par les schemas suivants toute l'opération faite.

Point de départ
Les axes AB et EF sont parallèles,
l'axe CD est gauche.

1re Etape
Les axes CD et EF sont parallèles,
l'axe AB est devenu gauche

Etape finale
Les trois axes sont parallèles.

fig 101

Schema du contrefleau vu en dessous. Profil vu de gauche.

Cette opération du dégauchissement du contrefléau demande du doigté et en tout cas elle ne peut être réussie, même par un ouvrier habile, qu'après plusieurs tatonnements. On reconnait qu'elle est réussie lorsque les charges étant placées sur le contrefléau la balance se tient en équilibre, ou bien que <u>la différence est partagée sur le contrefléau</u> suivant la définition que nous donnerons plus loin de cette expression.

Remarque I. - Dans le dégauchissement du contrefléau, il y a lieu de veiller à ce que les deux axes extrêmes reviennent bien à être parallèles entre eux. S'ils ne l'étaient plus, ils n'appuieraient pas exactement sur les chanfreins des fenêtres, qui ont été ajustés précédemment, le contrefléau serait boiteux et la balance donnerait des chutes sous les charges placées sur les fenêtres, ou les tiges.

Remarque II. L'exemple ci-dessus peut se répéter avec des chutes à gauche. La rectification consiste à dégauchir le contrefléau dans le sens inverse de la fig. 100. Il suffit d'ailleurs de retourner la balance de bout en bout pour retomber sur l'exemple étudié ci-dessus.

Remarque III. L'axe CD n'est pas toujours aussi régulièrement gauche que l'indique la fig 98. Il arrive que l'une des extrémités de cet axe est peu au-dessus et que l'autre est très au-dessous du niveau des axes extrêmes. Il arrive même que l'une des extrémités, C par exemple, est au niveau des axes extrêmes et que seule l'autre extrémité D est au-dessus ou au-dessous. Dans ce cas l'effet est représenté par la fig 102.

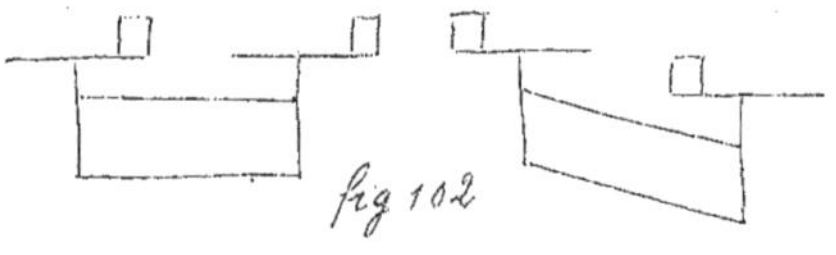

fig 102

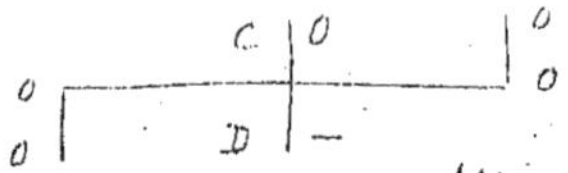

Schema du contrefléau vu en dessus.

Dans l'un et l'autre cas, l'axe central est gauche par rapport aux axes extrêmes. L'opération d'ajustage est donc la même que celle exposée page 44. Il s'agit de ramener l'axe central à être parallèle aux autres.

Remarque IV. - L'opération d'ajustage du contrefléau, telle qu'elle se présente au cas F exposé ci-dessus a pour but simplement de rendre l'axe central parallèle aux axes extrêmes, sans souci de mettre les trois axes dans le même plan. Il arrive quelquefois que, dans le dégauchissement du contrefléau on réussit à mettre l'axe central dans le plan des deux axes extrêmes. Dans ce cas, on tombe immédiatement sur le cas D, c-a-d l'ajustage parfait. Le plus souvent l'axe central, rendu parallèle aux axes extrêmes, se trouve dans un plan différent de ceux-ci, et on tombe ainsi sur le cas E que nous allons exposer : celui de la différence partagée sur le contrefléau.

E. - La différence est partagée sur le contrefléau, c'est-à-dire que les axes du contrefléau sont parallèles entre eux, mais les bras du contrefléau ne sont pas parallèles à ceux du fléau.

La différence est partagée sur le contrefléau
1er Cas : Chutes en dedans

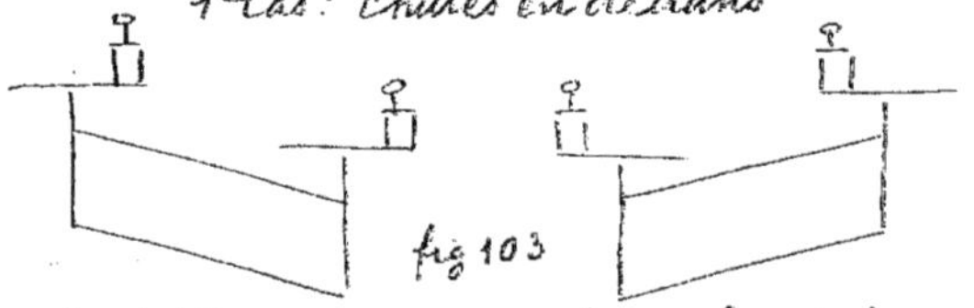

fig 103

La différence est partagée sur le contrefléau.
2e Cas : Chutes en dehors

On dit que la différence est partagée sur le contrefléau, lorsque les charges étant placées l'une en dedans, l'autre en dehors, alternativement sur chaque plateau la chute se fait, dans les deux alternatives, soit du côté de la charge placée en dedans (1er cas représenté fig 103) soit du côté de la charge placée en dehors (2e cas représenté fig 103)

Examinons ce qui se passe au 2 cas.

1er cas (chutes en dedans) La conclusion n° 3 de la page 8 indique que le contrefléau est arqué en dessous, c-à-d que l'axe médian du contrefléau est plus bas que les axes extrêmes.

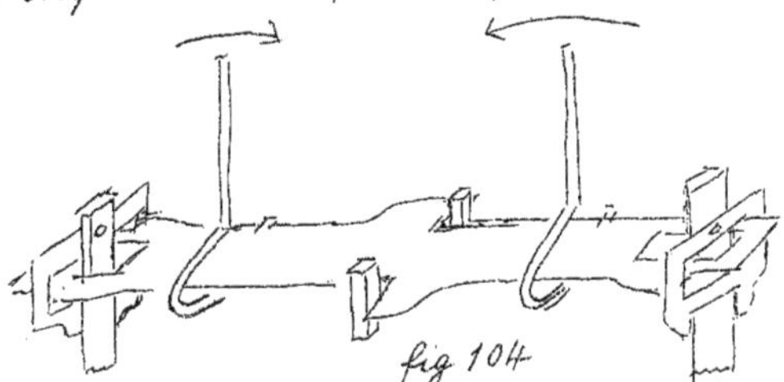

fig 104

Contrefléau vu en dessous la balance renversée. (1er cas)

Le remède consiste à tordre légèrement le contrefléau avec les griffes dessinées fig 99 ces griffes étant placées de chaque côté de la paillette, comme il est indiqué fig 104. On n'arrive au résultat convenable que par tatonnements, en essayant chaque fois avec les masses.

2e Cas (chutes en dehors). L'axe médian du contrefléau est plus haut que les axes extrêmes. Il faut plier le contrefléau à l'aide des griffes dans le sens contraire du cas précédent, c'est-à-dire en écartant les extrémités des branches des griffes.

Remarque importante. L'expérience journalière montre que la balance Roberval, après un usage relativement court, tombe rapidement en dedans, lorsque les charges sont placées sur le contrefléau, c-à-d comme l'indique la fig. 103. La cause de ce phénomène provient de ce qu'à l'usage les couteaux extrêmes du fléau s'abaissent rapidement, soit que leur arête s'use, soit que plutôt les axes dans lesquels ils sont taillés se plient légèrement à l'usage. D'autre part le contrefléau est suspendu par ses axes extrêmes, sous son propre poids il tend à se plier en son milieu et son axe médian tend à s'abaisser. Il en résulte que les bras du contrefléau ne sont plus parallèles à ceux du fléau et qu'on retombe rapidement sur le 1er cas représenté fig. 103.

Pour prémunir la balance Roberval contre cette dépréciation rapide, nous devons faire connaître ici un artifice qui est d'usage courant dans les fabriques de Port-sur-Saône, et qui fait partie des traditions le plus soigneusement entretenues par le personnel chargé de la vérification première dans ce centre de fabrication.

Les balances qui sortent des usines de Port-sur-Saône ne sont pas tenues absolument exactes sous les charges placées sur le contrefléau. Au contraire, on exige que, dans cette position, elles aient une légère chute en dehors, exactement égale des deux côtés, et telles que les plateaux parcourent moitié de leur course totale, ainsi que le représente la fig. 105. La chute ainsi donnée à la balance correspond à celle que donnerait à une balance exactement ajustée la surcharge de tolérance du $\frac{1}{2000}$ de la charge mise sur le plateau de gauche. Il en résulte que cette surcharge placée sur le plateau de droite, doit ramener la balance exactement en équilibre : c'est le signe auquel on reconnait que la chute artificielle donnée à la balance est suffisante mais non exagérée.

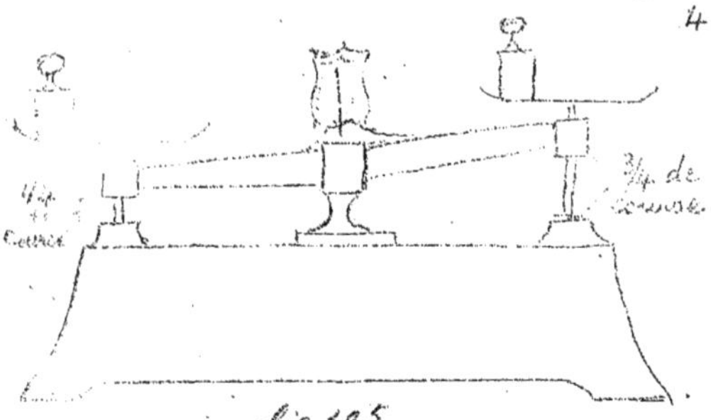

fig 105

A la vérité cet artifice de fabrication n'est pas réglementaire mais il a contribué à assurer la faveur dont jouissent les productions locales. Lorsque les balances ont séjourné quelque temps dans les magasins des usines, empilées les unes sur les autres supportant ainsi parfois des charges exagérées, lorsqu'elles ont été serrées dans les caisses d'emballage, empilées à nouveau dans les quincailleries, et qu'elles reviennent ensuite aux bureaux de vérification pour recevoir la lettre annuelle elles ont déjà perdu une bonne part de leur chute en dehors. Puis, à l'usage, elles se défendent mieux contre le défaut qui les menace toutes : la chute en dedans, défaut qui, en s'accentuant, finit par les déprécier.

C'est pourquoi nous ne saurions trop insister pour qu'à l'avenir le personnel chargé de la vérification première, conserve précieusement la tradition que nous venons de rapporter, et qui nous vient de nos prédécesseurs au bureau de Vesoul.

D. - Les axes et les bras du contrefléau sont parallèles à ceux du fléau.

Comme suite à ce que nous venons de dire au sujet de la légère chute en dehors partagée sur le contrefléau, qui est donnée aux balances neuves, ajoutons que cette chute est donnée après coup, après que les balances ont été définitivement ajustées sur le contrefléau. Elles le sont lorsque les masses placées successivement en dehors ou en dedans, il n'y a plus de chutes. A ce moment les axes et les bras du contrefléau sont parallèles à ceux du fléau.

Un dernier coup d'œil est donné sur les fenêtres et les tiges pour s'assurer qu'en touchant au contrefléau on n'a rien dérangé à l'ajustage des traverses, et les balances sont prêtes à être envoyées à la vérification.

# CHAPITRE V

## Stabilité de la Roberval

Une balance Roberval doit être stable, c-à-d que, sous la charge des masses qu'elle supporte sur ses plateaux, elle ne doit pas se renverser sur le côté, et que les pièces qui composent le parallélogramme déformable ne doivent pas se désarticuler sous l'action des forces perturbatrices qui constituent le tirage. De là un double problème à résoudre dans la construction de l'appareil pour éviter le renversement latéral et le déversement longitudinal.

### A - Le Problème du renversement latéral.

La balance Roberval chargée, comme d'ailleurs toute balance à plateaux supérieurs, a son centre de gravité au-dessus de son plan de sustentation. Il en résulte que, pour que l'équilibre soit stable, il faut que la verticale du centre de gravité de l'appareil chargé passe par le parallélogramme de sustentation (quadrilatère qui réunit les quatre pieds de la balance.)

Si les charges étaient placées bien au centre des plateaux et que la balance reposât sur un plan bien horizontal, le parallélogramme de sustentation pourrait être très étroit et par conséquent le socle très réduit - Mais il faut prévoir que les charges peuvent avoir leur centre de gravité très excentré dans le sens latéral, elles peuvent même reposer sur l'extrémité des couteaux de bout du fléau. Si le socle a la même largeur que la longueur de l'axe de bout (fig 106) ou une largeur supérieure, la stabilité est assurée. Mais si le socle a une largeur moindre que la longueur des axes de bout (fig 107) il peut y avoir renversement.

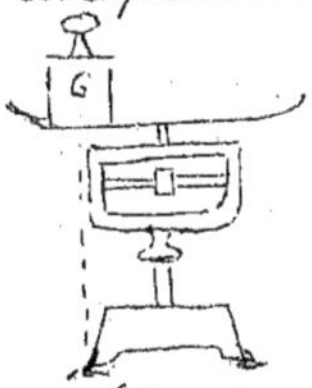

fig 106

En effet, soit p la masse placée sur chaque plateau P le poids de la balance, a b la distance du pied de la balance à la verticale du centre de gravité des masses p. b-c la distance du pied à l'axe de la balance. L'équation d'équilibre de l'ensemble est : $2p \times ab = P \times bc$

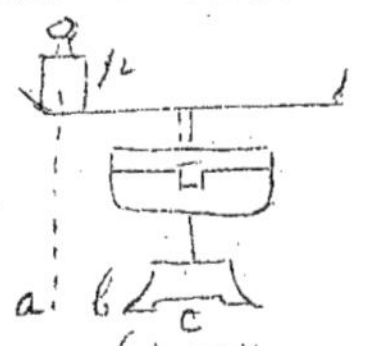

fig 107

Pour que l'équilibre soit stable, il faut que le 2e produit soit plus grand que le 1er.

Or avec une balance à socle léger et chargée à son maximum, il arrive que le premier membre l'emporte sur le second, et la balance se renverse latéralement.

Bien qu'aucune règle ne soit fixée sur ce point, nous considérons qu'il est de bonne fabrication de donner à la balance une base de sustentation ayant pour largeur au moins la longueur des axes du fléau.

Mais il y a lieu d'examiner la question de la longueur à donner aux axes du fléau.

Les axes du fléau doivent avoir une longueur suffisante pour que, les charges étant excentrées latéralement au maximum, les traverses seules, ou l'ensemble du fléau et des traverses ne se renversent pas, dans la limite bien entendu où les enfilures des coussinets permettent ce mouvement.

Renversement des traverses seules. - Si les axes de bout du fléau sont trop courts, et que la charge soit placée au bord du plateau, comme l'indique la fig 108, la traverse se renverse autour de l'extrémité a du couteau de bout, et l'autre joue de la traverse se soulève jusqu'à ce que l'extrémité b du couteau vienne buter contre le fond de l'enfilure de son coussinet

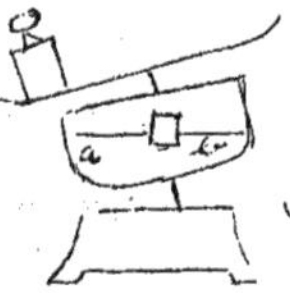

fig 108

La traverse se renverse sous le poids de la charge

Pour que le mouvement de renversement ne puisse pas se produire il faut que la verticale de la masse de charge ne passe pas en dehors de la verticale de l'extrémité a du couteau. L'expérience montre que pour éviter pratiquement ce renversement de la traverse, il faut donner au couteau de bout du fléau une longueur qui soit les $\frac{3}{5}$ du diamètre du plateau. Ce n'est d'ailleurs pas toujours sous les plus grosses masses que peut porter la balance, que se fait le renversement de la traverse

Prenons par exemple la 10 Kilog Erayvou : Longueur de l'axe de bout. 130 m/m diamètre des plateaux 220 m/m. Voyons ce qui se passe sous charges de 10, 5 ou 2 Kilog. excentrées jusqu'au bord des plateaux. Le centre de gravité du poids de 10 Kilog passe entre le fléau et l'extrémité du couteau, donc stabilité parfaite. Le poids de 5 Kilog a son centre de gravité exactement sur l'extrémité du couteau; la stabilité est assurée seulement par le poids de la traverse avec ses accessoires.

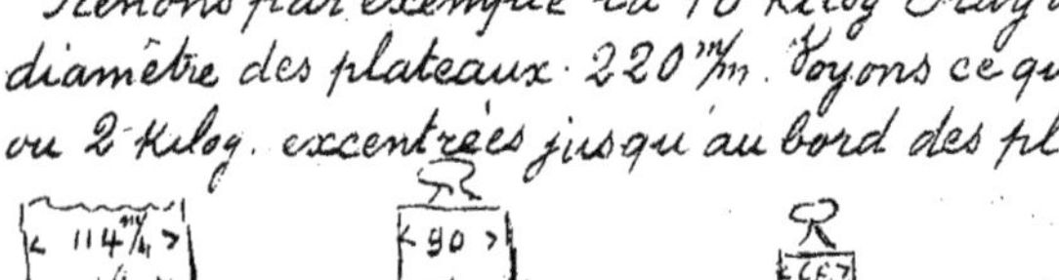

charge de 10 Kilog — charge de 5 Kilog — charge de 2 Kilog

fig 109

Enfin l'axe du 2 Kilog passe en dehors de l'extrémité du couteau de bout. Dans ce cas, en appelant p le poids de la traverse et de ses accessoires, l'équation d'équilibre donne : $2^{k} \times (77-65)^{m/m} = p \times 65$, d'où $p = \frac{24}{65} = 0^{k},370$ au minimum.

Renversement du fléau. – Malgré qu'on ait donné aux axes de bout une longueur suffisante pour empêcher le renversement des traverses seules, il peut arriver que l'ensemble du fléau et des traverses se renverse, si l'axe central du fléau est trop court.



Soit un fléau (fig. 110) ayant des axes extrêmes de 130 m/m de longueur et des plateaux de 220 m/m de diamètre, comme dans la 10 kilog. trayvou. Un poids de 5 Kg excentré jusqu'au bord du plateau a son centre de gravité exactement à l'aplomb de l'extrémité a du couteau, ainsi que nous l'avons vu plus haut.

En supposant la balance chargée dans ces conditions d'un poids de 5 Kg sur chaque plateau et en appelant P le poids du fléau et de ses accessoires, traverses, croisillons, plateaux, l'équation d'équilibre donne : $10^{Kg} \times ab = P \times bc$ ; d'où $P = \frac{10\,ab}{bc}$ (1)

Or le poids du fléau et de ses accessoires dans une balance de 10 Kilog ne dépasse pas 3 Kg. Dans ces conditions l'équation (1) donne :

$$3 = \frac{10\,ab}{bc}\ ;\ \text{d'où}\ \frac{ab}{bc} = \frac{3}{10}\ \text{au plus et}\ \frac{cb}{ca} = \frac{10}{13}\ \text{au moins.}$$

Dans les bonnes fabrications, on donne à l'axe central la même longueur qu'aux deux axes extrêmes, c-a-d au moins les $\frac{3}{5}$ du diamètre du plateau.

Influence de la hauteur du plateau au-dessus de l'axe de bout. On peut se demander quelle influence a la hauteur du plateau au-dessus de l'axe de bout du fléau. Dans les formules précédentes, cette hauteur n'intervient pas. Elle n'a donc théoriquement aucune influence sur le renversement latéral de la balance. Pratiquement cette hauteur a une certaine influence. Quand on déplace ~~un peu~~ trop vivement les poids sur les plateaux, la balance se renverse plus facilement si les charges sont élevées que si elles sont basses. De là l'utilité pratique de rapprocher les plateaux des axes de bout, car on ne peut réduire la hauteur totale de la balance en diminuant la longueur des tiges, ainsi que nous le verrons plus loin. Nous reviendrons sur la question à propos du problème du déversement longitudinal, que nous allons étudier.

## B. – Le Problème du déversement longitudinal.

Contredéversement absolu et contredéversement relatif. – Nous savons que sous l'action des charges excentrées placées sur les plateaux, il s'introduit dans le parallélogramme articulé de la balance Roberval, des forces latérales perturbatrices qui constituent le tirage et qui tendent à renverser latéralement les traverses (Voir Remarque II page 4)

De là la nécessité d'adopter dans la construction certains dispositifs de contredéversement propres à annuler l'effet du tirage et par conséquent à empêcher le déversement des traverses au delà bien entendu du jeu nécessaire à donner aux articulations.

Le dispositif à contredeversement absolu est celui qui est propre à empêcher complètement le deversement des traverses quel que soit l'angle sous lequel se fait l'oscillation du fléau, et quels que soient le diametre des plateaux et les charges qu'ils supportent, dans la limite de la portée de l'instrument.

Le dispositif de contredéversement relatif est celui qui est propre à empêcher le déversement des traverses lorsque l'oscillation se fait seulement sous un angle déterminé du fléau, et que les plateaux ont un diamètre limité

Dans l'appareil de Poinsot, reproduit plus loin, au Chap. de l'Oscillation, le dispositif de contredeversement est constitué par les charnières à goujons simples qui lient entre eux les quatre côtés du parallélogramme déformable. Ce dispositif est à contredéversement absolu puisque, dans la limite de la charge de rupture que peut supporter l'instrument, le parallélogramme ne peut pas être ~~déformé~~ désarticulé. Ce dispositif serait parfait s'il ne nuisait considérablement à la sensibilité de l'instrument car les articulations par tourillons comme le sont les goujons qui lient les quatre pièces, produisent un frottement très considérable. De plus les longueurs des fléaux sont mal définies, ce qui nuit à l'exactitude.

L'idée venait immédiatement à l'esprit de remplacer les goujons d'articulation par des coussinets reposant sur les couteaux de bout des deux fléaux. Le dispositif devenait un dispositif de contredeversement relatif, qui n'était efficace que dans certaines conditions ainsi que nous le verrons plus loin. Mais l'expérience montrait que le coussinet assurait d'autant mieux le contredéversement, qu'il était plus chargé. De là l'idée de faire porter toute la charge par un seul fléau, de faire reposer les traverses par des coussinets sur ce fléau, ce qui assurait en ce point un contredéversement relatif, et enfin de conserver à l'articulation de l'autre fléau et des traverses son rôle de contredéversement absolu. La balance Roberval nous apparaît ainsi dans le dessin joint à la circulaire du 5 décembre 1840, autorisant la balance de Béranger. Le fléau seul est porteur. Le contrefleau a cessé d'être porteur, il n'a plus que le rôle de bielle, maintenant les traverses dans leur position verticale. L'articulation du fléau et des traverses est formée par un couteau jouant sur la surface intérieure d'un anneau formant coussinet (fig 111) dispositif à contredéversement relatif. Le contrefleau est articulé très simplement avec l'extrémité inférieure de la traverse par un goujon passant librement dans une mortaise (fig 112), dispositif à contredéversement absolu. Le système d'articulation du contrefleau de cette balance Roberval construite par Béranger était d'ailleurs médiocre en ce sens que la longueur du contrefleau était légèrement différente, de toute l'épaisseur du goujon, suivant que ce contrefleau travaillait à la traction ou à la compression.

fig 111

a

fig 112

Aussi dès 1853, avec la balance de Wimmerlin, apparaît le contrefleau à longueur invariable qui devait seul prévaloir par la suite. Dès lors la Roberval a sa formule définitive dont les constructeurs ne devaient plus guère s'écarter : Un seul fleau porteur, un contrefleau non porteur, à longueur fixe, quel que soit le sens de l'effort subi. Une variante de cette formule est apparue dans la balance Boué autorisée le 12 juin 1860. Dans cette balance, c'est le levier inférieur qui est porteur, le levier supérieur joue le rôle de contrefleau ; mais les conditions de travail des leviers ne sont pas changées. Il nous reste à entrer dans les détails de la construction des organes de liaison de la traverse avec le fleau et le contrefleau.

a) Articulation du fleau avec la traverse. - Il semble bien que le mode d'articulation réalisé par Béranger en 1840 ait été seul employé pendant un certain temps. Nous avons vu, fig 111, que, dans la balance de ce constructeur la traverse reposait sur les couteaux extrêmes du fleau par la face intérieure d'un anneau formant coussinet (fig 113). Le fleau reposait d'ailleurs de la même façon par son axe central sur les branches du support. Lorsque la charge était placée au centre des plateaux, le contact de la surface du coussinet avec le couteau de l'axe extrême du fleau se faisait en S sommet du coussinet. Lorsque la charge était excentrée, le coussinet glissait sur le couteau et s'arrêtait en une position S' telle que la résultante S'R de la charge P et du tirage T passe par le centre du coussinet (fig 114). Ce glissement avait une limite : c'était lorsque la base a du couteau venait toucher

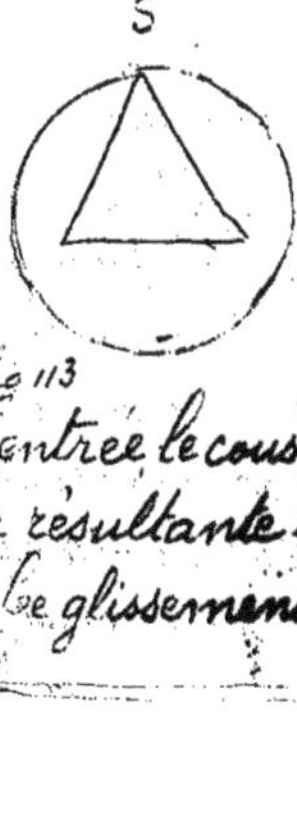

S

fig 113

la face du coussinet. On peut augmenter cette limite en diminuant la hauteur du couteau, lequel a habituellement pour section un triangle équilatéral.

On peut calculer quelle section doit avoir ce couteau pour que la Roberval puisse fonctionner dans les conditions les plus défavorables.

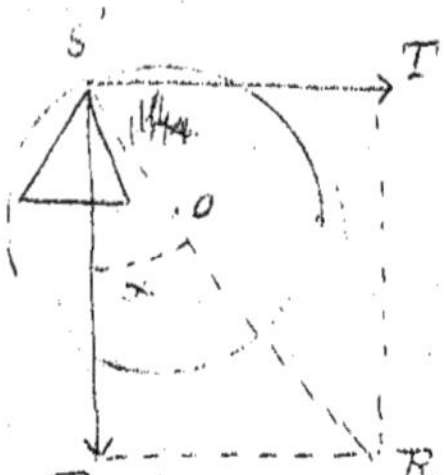

fig 114

Soit S' la position du coussinet lorsque la charge est complètement excentrée (fig. 114). Appelons T la ligne S'T représentant l'intensité du tirage, P la ligne S'P représentant la charge, $\alpha$ l'angle $\widehat{PSR}$. La ligne SOR, représente la résultante de la charge et du tirage.

On peut écrire $T = P \tan \alpha$, d'où $\tan \alpha = \frac{T}{P}$

Ou bien en appliquant la relation trouvée page 4 :

$$\tan \alpha = \frac{T}{P} = \frac{e}{\ell} \quad (1)$$

Or la valeur de e qui correspond au rayon du plateau doit, d'après les règlements, être, lors de la vérification, au moins égal aux $\frac{2}{3}$ du bras de fléau. D'autre part la longueur de la traverse dans certaines balances Roberval est souvent inférieure à $\frac{3}{5}$ de la longueur du bras de fléau. La relation (1), dans les conditions les plus défavorables peut donc s'écrire ainsi : $\tan \alpha = \frac{e}{\ell} = \frac{2/3}{3/5} = \frac{2}{3} \times \frac{5}{3} = \frac{10}{9} = 1{,}111$ ce qui correspond à $\alpha = 48°$ environ.

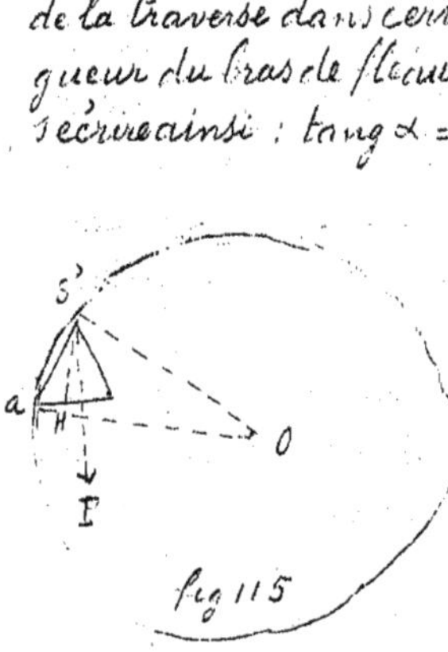

D'autre part, dans son mouvement d'oscillation, le fléau, à fond de course, fait avec l'horizontale un angle ayant pour tangente la course réglementaire de $\frac{1}{10}$, ce qui correspond à un angle de 6° environ. Toutes les lignes du fléau tournent du même angle, notamment la médiane S'H du couteau s'écarte de la verticale d'un angle $\widehat{HSP} = 6°$ (fig 115).

De sorte que l'angle $\widehat{aS'O} = 30° + 6° + 48° = 84°$ environ.

et l'angle $\widehat{aOS'} = 180° - 84° \times 2 = 12°$ environ.

fig 115

Dès lors il est facile de calculer le côté S'a du couteau

Dans le triangle aOS' on peut écrire : $\frac{S'a}{\sin 12°} = \frac{1}{\sin 84°}$, d'où $S'a = \frac{\sin 12°}{\sin 84°} = \frac{208}{995} = \frac{1}{5}$ environ

Ainsi pour que la balance Roberval ayant un coussinet annulaire puisse fonctionner dans toutes les positions de la charge sur le plateau et sous tout l'angle d'inclinaison qui est fixé par la règlementation sur la course, il faut que le couteau de bout du fléau ait une hauteur égale au plus au $\frac{1}{5}$ du rayon du coussinet, ce qui oblige à faire des couteaux trop faibles ou des coussinets d'un rayon exagéré. Les premiers fabricants tournaient la difficulté en faisant des couteaux en ⬡ ainsi qu'on le voit sur le dessin de Béranger en 1840.

Mais le coussinet annulaire appliqué à la Roberval avait un autre défaut capital : c'est que, lorsque le couteau glissait sur le coussinet, comme le montre la fig 114 il en résultait que la longueur de la traverse, mesurée du couteau S à l'articulation du contrefléau, se trouvait diminuée ; le parallélogramme était faussé et la balance ne se tenait plus en équilibre sous des charges égales. - Aussi peu à peu l'usage prévalut de creuser une gorge à la partie supérieure du coussinet annulaire, puis le coussinet à gorge finit par subsister seul, sous les formes que nous avons indiquées page 10.

Coussinet à gorge. - Dans les balances à coussinet à gorge, le glissement qui se produisait sur le couteau avec le coussinet annulaire n'existe plus, l'arête du couteau est maintenue sur la gorge du coussinet et la balance peut osciller ~~libre~~ sans décrocher c-à-d sans que le déversement latéral se produise, si le coussinet n'est pas trop ouvert.

Il convient de calculer quel angle d'ouverture minimum doit présenter le coussinet pour que l'oscillation se fasse complètement lorsque le fléau est à fond de course, et quel angle maximum il doit avoir pour que le coussinet puisse jouer son rôle de contredéverseur, sous la charge excentrée au maximum.

Le couteau est habituellement taillé avec un angle voisin de 60°.

Sous l'oscillation, et à fond de course, les faces du couteau s'inclinent, de chaque côté, d'un angle voisin de 6° qui correspond à la course du fléau. L'angle minimum d'ouverture du coussinet est donc de $60° + 6° + 6° = 72°$ environ.

Pour calculer l'angle maximum que doit présenter l'ouverture du coussinet il faut considérer la résultante SR des forces P et T qui sollicitent le coussinet (fig 116). Pour que le coussinet ne glisse pas sur le couteau dans le sens de a vers S, sous l'action de cette force SR, il faut que la direction de cette force ~~soit~~ fasse avec le côté aS un angle $\widehat{aSR}$ inférieur ou égal à 90° ~~appelons β~~. Considérons le cas le plus défavorable où $\widehat{aSR} = 90°$. Appelons $\frac{\alpha}{2}$ l'angle $\widehat{aSP} = \widehat{PRS} = \frac{\widehat{aSb}}{2}$

fig 116

On peut écrire : $P = T \tang \frac{\alpha}{2}$, d'où en appliquant la relation de la page 4 : (Remarque II) :

$$\tang \frac{\alpha}{2} = \frac{P}{T} = \frac{l}{\varepsilon} \qquad (1)$$

Cette relation (1) montre que l'angle du coussinet, le rayon du plateau et la longueur de la traverse sont dans une dépendance réciproque. Pour qu'une balance ne décroche pas sous charge excentrée au maximum, il faut que : $\tang \frac{\text{angle du coussinet}}{2} < \frac{\text{longueur de la traverse}}{\text{rayon du plateau}}$ (2)

Si l'on augmente la longueur de la tige, on peut ouvrir le coussinet. Mais si l'on augmente seulement le rayon du plateau, il faut fermer le coussinet. Ceci montre le grave inconvénient de substituer, sur une balance construite pour fonctionner avec un plateau donné, un plateau plus grand à celui qui était fixé primitivement. Par contre, il n'y a jamais inconvénient à mettre un plateau plus petit. C'est un des points sur lesquels la Réglementation de la Roberval est le plus insuffisante. Au lieu de dire que le diamètre du plateau sera au moins égal aux $\frac{2}{3}$ du fléau, il devrait être prescrit expressément que l'inégalité (2) ci-dessus doit toujours être assurée dans la construction de la Roberval.

En appliquant la formule (1) de la page 55 il est facile de calculer l'angle à donner au coussinet, dans chaque cas particulier. Dans les fabrications françaises, le rapport de la longueur de la traverse au rayon du plateau varie de 0,80 à 1,20. Le tableau ci-dessous indique, pour divers rapports intermédiaires, l'angle maximum du coussinet.

| Valeur de tang $\frac{\alpha}{2} = \frac{l}{r}$ | 0,80 | 0,85 | 0,90 | 0,95 | 1,00 | 1,05 | 1,10 | 1,15 | 1,20 | 1,25 |
|---|---|---|---|---|---|---|---|---|---|---|
| Valeur de $\frac{\alpha}{2}$ | 38°½ | 40°½ | 42° | 43°½ | 45° | 46°½ | 47°½ | 49° | 50°½ | 51°½ |
| angle maximum d'ouverture du coussinet | 77° | 81° | 84° | 87° | 90° | 93° | 95° | 98° | 101° | 103° |

b) - Articulation du contrefléau avec la traverse: nous avons vu page 53 que dans la balance de Béranger de 1840 l'articulation du contrefleau et de la traverse était réalisée d'une manière assez défectueuse. Avec la balance de Wimmerlin en 1853 apparait le mode d'articulation qui va prévaloir (fig 117). Le contrefléau et la traverse sont articulés autour d'un axe xy qui est droit et qui limite la longueur du contrefléau, quel que soit le sens de l'effort horizontal qu'il supporte.

Ce dispositif n'a pas varié. Tout au plus a-t-on supprimé une des butées du contrefléau, suppression malheureuse, ainsi que nous le dirons.

fig 117

Les Allemands articulent le contrefléau avec la traverse, à l'aide d'un couteau traversant le pied de la traverse (fig 118) dont les arêtes, dirigées l'une vers le dehors l'autre vers l'intérieur viennent buter contre des coussinets. Les deux arêtes du couteau forment, bien entendu, une ligne droite.

Elévation

fig 118

Plan

c). Une balance indéversable. - Voici une idée personnelle que nous avions fait réaliser à l'ancienne Maison Tisserand fils: Une balance Roberval avec un fléau porteur, sur les couteaux extrêmes reposaient les traverses à l'aide de coussinets plats ou à peine incurvés, un contrefleau en bas monté comme à l'ordinaire, un contrefleau au-dessus du fléau exactement symétrique à celui du bas. Dans une telle balance, le fléau porteur ne joue aucun rôle de contredéversement. Les articulations des deux contrefléaux rendent la balance indéversable.

d) Influence de la hauteur des plateaux au-dessus des axes extrêmes du fléau.

(Le présent paragraphe nous a été suggéré par M. Rigobert vérificateur à Lure)

La formule de la page 41 : $t = \frac{pc}{l}$, dans laquelle n'intervient pas la hauteur h (fig 119) montre que le tirage d'une balance ne dépend pas de la hauteur des plateaux au dessus du fléau, lorsque les masses seules agissent sur les plateaux. Mais il peut se faire que la balance soit sollicitée par une force étrangère au poids des charges, par exemple une force AN qui proviendrait du fait que la marchandise aurait été jetée obliquement et non posée sur le plateau.

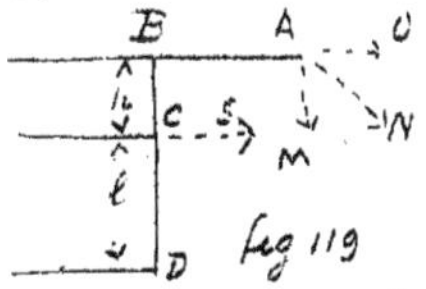

Fig 119

Cette force AN peut être décomposée en deux autres AM verticale et AO horizontale.

La force AM s'ajoute au poids et par conséquent agit sur le tirage indépendamment de la hauteur h. Quant à la force AO, elle agit sur le levier BCD et elle produit en C une force CS telle que : $AO \times BD = CS \times CD$ ; d'où force $CS = \text{force } AO \times \frac{BD}{CD} = \text{force } AO \times \frac{l+h}{l}$

La formule montre que la force perturbatrice CS, qui s'ajoute au tirage, croît avec h, c-à-d avec la hauteur du plateau au-dessus du fléau.

# CHAPITRE VI

## Oscillation

Comme tous les instruments de pesage, la balance Roberval doit être oscillante.

Une balance est oscillante lorsque, étant en équilibre à charge ou à vide, si on fait incliner son fléau avec la main et qu'on l'abandonne à lui-même, il exécute des oscillations autour de son axe de suspension, avant de s'arrêter dans sa position d'équilibre.

On sait que, pour qu'une balance à fléau simple soit oscillante, il faut que son centre de gravité soit au-dessous de son axe de suspension.

Si le centre de gravité est exactement au point de suspension, le fléau est indifférent, c-à-d que, si l'on déplace le fléau de sa position d'équilibre, il reste dans sa nouvelle position, sans osciller autour de son axe de suspension.

Si le centre de gravité est au-dessus de l'axe de suspension la balance est folle, c-à-d que si l'on prend la précaution d'amener exactement le centre de gravité au-dessus de l'axe de suspension, le fléau peut se tenir en équilibre instable ; mais si l'on incline si peu que ce soit le fléau, il s'écarte immédiatement de sa position d'équilibre sans pouvoir se re[illegible]

Cette condition nécessaire de la position du centre de gravité du fléau par rapport à l'axe de suspension subit quelque modification du fait que le fléau de la Roberval n'est pas un organe indépendant, mais qu'il est lié au contrefléau

Le contrefléau n'est qu'un fléau atrophié. Dans la Roberval telle que la comprenaient les premiers auteurs (fig 120), il y avait deux fléaux semblables ayant chacun son axe de suspension, sur lesquels s'appuyaient les deux traverses tant par leur extrémité supérieure que par leur extrémité inférieure.

fig 120

Figure de la Roberval d'après l'ouvrage de Poinsot

Mais cette disposition n'a pas prévalu, on s'est aperçu de bonne heure qu'il suffisait de faire un seul fléau porteur en lui donnant une force suffisante. Le second fléau, ou contrefléau, cessait d'avoir le rôle de porteur et il n'était plus qu'un organe destiné à former un des côtés du parallélogramme déformable qui constitue le principe même de la Roberval. Le problème de l'oscillation de cet instrument s'est trouvé ainsi légèrement compliqué.

Pour que la balance soit oscillante, il faut que l'ensemble du fléau et du contrefléau constitue un système oscillant, c'est à dire que la résultante des forces de la pesanteur appliquées à ce système, ait pour effet de ramener les deux leviers à la position horizontale, quand ils en sont écartés.

Le fléau est du type ordinaire de tous les fléaux de balance : quand il est horizontal, il doit avoir son centre de gravité en un point situé verticalement au-dessous de l'axe central

Le contrefléau (fig 121) est une règle métallique qui repose sur les chanfreins des fenêtres par les plans inférieurs de ses pièces de bout, rivées en dessous de la règle. Il en résulte que le centre de gravité du contrefléau se trouve à peu près dans l'axe de la règle en un point g situé au-dessus du plan d'articulation avec les traverses, dans la position horizontale. Si le contrefléau avait continué à être suspendu au point c, arête du couteau de la paillette, comme un fléau qu'il était primitivement, ce serait un fléau fou, puisque son centre de gravité serait au-dessus du point de suspension. Le contrefléau a gardé ce caractère du fléau dont il dérive : il se comporte comme un fléau fou

a fig 121 b

Lorsque le ~~fléau~~ contrefléau est horizontal les deux axes a et b d'articulation avec les traverses supportent chacun moitié de la masse du contrefléau

Si le contrefléau s'incline du côté de l'axe b, le poids du contrefléau se répartit inégalement sur les deux axes a et b : l'axe b supporte un poids plus grand que l'axe a. De sorte que si le contrefléau était suspendu par les axes a et b aux deux plateaux d'un fléau indifférent (fig 122) ce fléau s'inclinerait du côté de b sans pouvoir se relever.

Si l'on inclinait d'ailleurs le système du côté de a, c'est le contraire qui se produirait : le fléau tomberait du côté de a sans pouvoir se relever.

a

b

fig 122

Le contrefléau du type allemand : fig 118, a son centre de gravité sur la ligne qui joint les couteaux d'articulation avec les traverses. Soutenu dans la position indiquée par la fig 122 il serait indifférent.

Enfin si le contrefléau avait son centre de gravité au-dessous de la ligne des axes d'articulation, il serait oscillant. Mais les fabrications françaises n'emploient pas, en général, ce type de contrefléau.

C'est exactement ce qui se produit lorsque deux personnes portent une malle par les poignées. Si le centre de gravité de la malle est au-dessus de la ligne des poignées, c'est la personne la plus petite qui porte la plus lourde charge ; si le centre de gravité est au-dessous de la ligne des poignées, c'est la plus grande personne qui porte la plus lourde charge. Enfin dans le cas où le centre de gravité est sur la ligne des poignées, les deux personnes portent la même charge.

Le cas le plus général dans les balances françaises est celui du contrefléau fou. Son action dans l'oscillation contrarie donc celle du fléau qui est toujours oscillant. De là la nécessité de donner à ce fléau suffisamment de matière en dessous de l'axe de suspension pour annuler l'effet contraire du contrefléau.

Dans cette étude de l'oscillation du fléau et du contrefléau, nous avons négligé à dessein le poids des traverses et de leurs accessoires (croisillons, plateaux et charges). Dans la balance telle que nous la préconisons, avec un fléau au fil, ces organes ne jouent pas plus, en ce qui concerne l'oscillation, que les chapes et plateaux dans la balance à fléau simple dont les trois couteaux sont en ligne droite.

Remarquons le rôle très important que joue le contrefléau dans la question de l'oscillation. Dans une balance donnée, plus le contrefléau est mince et léger, plus le centre de gravité du système oscillant est bas et par conséquent plus la balance est oscillante.

Dans chaque sorte de balance, la position du centre de gravité du fléau est calculée d'après le contrefléau-type admis pour cette sorte de balance. Si pour une cause quelconque on est amené à mettre un contrefléau plus épais et plus lourd que le contrefléau-type, on est obligé, pour conserver l'oscillation de recourir à un artifice, à la vérité regrettable: on augmente le fil du fléau. Dans ce cas, le poids des traverses et celui des charges interviennent pour abaisser la position du centre de gravité du système oscillant; mais cela nuit gravement à la sensibilité.

Souvent le défaut d'oscillation vient de ce que les axes du fléau sont gênés dans leur mouvement parce que les extrémités de ces axes viennent buter contre les chapeaux, qui sont trop rapprochés. On y remédie en meulant légèrement les bouts des axes, en respectant la forme donnée à ces extrémités, qui doivent être en cône, ainsi que nous l'avons indiqué page 14.

Souvent aussi le contrefléau est gêné dans son mouvement parce que les axes sont trop serrés dans leurs articulations: ceux de la paillette entre les branches du chevalet, et ceux des plaques de bout entre la fenêtre et le pied de la colonne: il faut qu'en ces points il n'y ait ni jeu, ni serrage.

Si les couteaux du contrefléau avaient trop de jeu dans leurs articulations, on tomberait dans un autre défaut également nuisible à l'oscillation. En effet, si le contrefléau avait trop de jeu dans ses articulations avec les traverses, au niveau des fenêtres, c'est que, soit par mauvaise fabrication, soit par suite d'usure, les deux couteaux de la plaque de bout du contrefléau ne seraient pas en ligne droite (fig 123). Il en résulte que le bras du contrefléau n'a pas la même longueur selon qu'il travaille à la traction ou à la compression. Dans l'un des cas au moins il n'a pas la même longueur que le fléau. Dans ces conditions l'oscillation ne peut se faire sans que le couteau central du contrefléau s'élève ou s'abaisse en glissant sur les branches du chevalet, ce qui nuit considérablement à l'oscillation de la balance.

fig 123

Il en est de même si les couteaux de la paillette n'ont pas leurs arêtes en ligne droite. Suivant que l'une ou l'autre des arêtes travaille, les deux bras du contrefléau sont inégaux et l'un deux au moins est plus long ou plus court que le bras du fléau et l'oscillation ne peut encore se faire qu'avec glissement des couteaux de la paillette sur les branches du chevalet.

fig 124

Le défaut serait moins grave si l'excès de jeu à l'axe central provenait seulement d'un écartement exagéré des branches du chevalet, car dans ce cas les bras du contrefléau restent toujours égaux aux bras du fléau, quelle que soit la position des charges: il en résulterait seulement que l'axe central du contrefléau ne serait pas placé verticalement sous l'axe central du fléau. C'est une position que nous n'avons pas étudiée dans nos considérations théoriques pour ne pas sortir du cadre de cette étude. Mais dans une balance bien construite, il faut que le contrefléau ait à son axe central assez, mais pas trop de jeu, ce qui est facile à obtenir.

# Influence des Chocs

L'étude que nous venons de faire des conditions de bonne oscillation d'une balance est faite dans l'hypothèse où la balance oscille normalement dans les limites de sa course réglementaire. On n'a pas tenu compte des chocs que subissent les traverses sur le socle lorsque le mouvement d'oscillation est plus violent qu'il est nécessaire pour que le fléau s'incline seulement de l'angle fixé pour la course. Divers cas sont à examiner suivant la position qu'occupent les masses sur les plateaux.

1er Cas :- Les masses sont placées sur les axes extrêmes du fléau — Dans ce cas, il n'y a pas de tirage. S'il y a choc d'une des traverses sur la poupée correspondante, l'autre traverse continue légèrement son mouvement, la traverse choquée se trouve un instant isolée de ses couteaux ; mais comme elle n'est pas sollicitée par un tirage, les coussinets reprennent rapidement leur place sur les couteaux et l'oscillation se rétablit.

2e Cas - Les masses sont dans le plan vertical du fléau. (fig 125). Dans ce cas il y a tirage. S'il y a choc de la traverse de gauche, par exemple, cette traverse se trouve un instant isolée de ses couteaux. Dans ce cas, le rôle de contredeversement du coussinet ne se fait plus sentir et le tirage peut avoir pour effet de faire déverser la traverse et au moment où le fléau remonte, les deux couteaux extrêmes peuvent ne pas retomber exactement dans le fond des gorges des coussinets.

fig 125

Pour atténuer cet effet des chocs, dans le cas qui nous occupe, il faut réduire au minimum le tirage en allongeant la traverse - On n'annule d'ailleurs jamais l'effet des chocs violents, dans ce cas.

On pourrait aussi atténuer l'effet des chocs dans le cas considéré en faisant porter à fond de course, le fléau sur une butée au lieu de faire porter la traverse par son bourrelet, sur la poupée. Mais cette disposition n'a pas prévalu, et elle est même interdite, en raison de l'usure que subiraient plus rapidement les couteaux par suite des chocs qu'ils supporteraient directement.

3e Cas - Les masses sont sur des axes diagonaux - Deux cas à considérer selon l'axe

a) Les masses sont sur l'axe PP' (fig 126) axe des consoles du contrefléau - Dans ce cas, il y a tirage. D'autre part la charge et le tirage se répartissent inégalement sur les deux coussinets.

fig 126

En considérant par exemple le plateau de droite, la charge P' se décompose en deux charges p et p' appliquées en M et en N et qui sont dans le rapport $\frac{p}{p'} = \frac{NI}{MI}$

De même le tirage T se décompose en deux forces t et t' appliquées en M et N et qui sont dans le même rapport.

S'il y a choc et même seulement si l'oscillation est un peu vive, le tirage tend à faire tourner la traverse autour du point M qui est le plus pressé, dans le sens inverse des aiguilles d'une montre. Ce mouvement serait très préjudiciable, car en tournant, le coussinet N glisserait sur son couteau, il se soulèverait, entraînant avec lui le chanfrein de la fenêtre de droite qui ne serait plus parallèle au chanfrein de la fenêtre de gauche, et la balance tomberait. Mais la console B du contrefleau (fig 127) appuie contre la joue F de la fenêtre, tandis que le pied C de la colonne appuie contre le chanfrein R de la mortaise du contrefleau. Cette disposition empêche la rotation de la traverse et par conséquent la balance peut fonctionner normalement dans la position considérée des charges.

fig 127 — Vue en dessous, à travers la sorte supposée transparent — sens de la rotation

Il en serait de même si les charges étaient placées sur l'axe diagonal intérieur O O' (fig 128) La traverse de droite tendrait à tourner autour du couteau N dans le sens inverse des aiguilles d'une montre, mais elle en serait empêchée par la résistance de la console B, comme il est expliqué ci-dessus. — Sur ces deux axes diagonaux PP et OO', la suppression d'une des consoles du contrefleau n'a donc pas d'influence.

fig 128

b) Les masses sont sur l'axe diagonal SS (axe du contrefleau sans console) (fig 129). La charge appliquée en S peut être remplacée par deux forces : l'une P appliquée en I et un tirage T appliqué également en I. Les deux forces P et T se répartissent sur les couteaux M et N dans le rapport $\frac{IN}{IM}$. Le couteau N supporte la plus grande partie de ces forces. Le tirage T tend à faire tourner la traverse autour du point N qui supporte la plus forte charge, dans le sens direct des aiguilles d'une montre, surtout s'il y a choc de la traverse sur sa poupée. L'examen du dispositif d'articulation (fig 130) montre que, par suite du défaut de la seconde console, le contrefleau et la fenêtre ne s'opposent pas au mouvement de rotation de la traverse. Le coussinet M peut donc glisser sur son couteau et s'élever au-dessus : la balance est faussée et ne peut plus osciller. — Il en serait de même si les charges étaient placées sur l'axe diagonal intérieur U U. (fig 131)

fig 129

fig 130 — Sens de la rotation

Nous touchons ici à l'un des défauts les plus graves de la Roberval, défaut qui est en quelque sorte congénital. Toutes les balances, même neuves, éprouvées à charge sur les axes diagonaux SS et UU décrochent plus ou moins et oscillent mal.

fig 131

Un des remèdes à ce défaut consisterait à rétablir la seconde console du contrefleau qu'une longue pratique a fait supprimer pour faciliter l'ajustage.

Le véritable remède consiste à élargir la traverse, de manière à répartir le plus également possible la charge sur les coussinets M et N. L'expérience nous a prouvé qu'on atténue autant qu'il est utilement possible l'effet de la suppression d'une des consoles du contrefleau, en donnant à la traverse une longueur et une largeur qui soient au moins égales aux $\frac{3}{5}$ du diamètre du plateau. Ceci condamne évidemment l'habitude qu'ont certaines maisons, pour donner satisfaction à leur clientèle, de substituer, après vérification, des plateaux plus grands que les plateaux normaux dont sont fournies les balances au moment de la vérification.

# CHAPITRE VII

## Sensibilité

La balance Roberval doit encore être sensible. Une balance est sensible lorsque les plateaux étant chargés de deux masses égales, si l'on ajoute sur l'un des plateaux une petite surcharge, le fléau s'incline d'une manière appréciable du côté de la surcharge.

Aux termes des Instructions une balance Roberval doit être sensible au $\frac{1}{2000}$. Si l'on ajoute sur l'un des plateaux une surcharge égale au $\frac{1}{2000}$ du poids d'une portée, le fléau doit s'incliner de manière que le plateau parcourt moitié de sa course. La course réglementaire est fixée à $\frac{1}{10}$ de la longueur du fléau ce qui donne une inclinaison de 6° environ au fléau. Par conséquent, sous la surcharge de $\frac{1}{2000}$ de la portée, le fléau doit s'incliner de 3° environ.

Une question controversée est celle de la charge sous laquelle doit se faire l'épreuve de la sensibilité. La circulaire du 11 avril 1894 dit que cette épreuve doit être faite sous des charges voisines du maximum de la portée. Dans la balance telle que nous la préconisons, avec fléau au fil, la sensibilité est indépendante de la charge. L'épreuve de sensibilité peut donc être faite à charge moyenne. quand la sensibilité est bonne sous charge moyenne, l'expérience montre qu'elle est suffisante à toutes charges.

Pour qu'une balance oscillante soit sensible, il faut que le fléau soit bien au fil. Nous avons expliqué, page 26, comment on s'y prend pour reconnaître si le fléau est au fil, c-a-d si les trois axes sont dans un même plan. Pour que le fléau soit bien au fil, on doit voir, entre les arêtes des couteaux des bouts et l'arête du couteau central, un rayon lumineux très net, mais sans épaisseur appréciable. L'expérience montre que dans ce cas, le jour ne dépasse pas quelques dixièmes de millimètre ; cela est suffisant. Si l'on exagère le jour, comme on le fait parfois pour donner de l'oscillation, ainsi que nous l'avons dit page 60, la sensibilité diminue rapidement.

Bien entendu tout ce qui tend à gêner le mouvement des organes de la balance nuit à la sensibilité, et notamment les articulations trop serrées.

La balance Roberval peut être rendue très sensible ; c'est une des qualités essentielles de cet instrument. Nous voyons couramment des balances sensibles au $\frac{1}{5000}$ surtout dans les types à traverses longues, dont, par conséquent, le tirage est réduit. C'est, il est vrai, une qualité qui se perd assez rapidement par suite de l'usure des couteaux du fléau et des flexions que subit le contrefléau sous charges excentrées.

Il y a une contradiction, plus apparente que réelle, entre la sensibilité et l'oscillation. La sensibilité n'e en réalité qu'un degré dans la qualité des balances oscillantes, du moins, nous le répétons, dans les balan bien au fil, dont l'oscillation est produite par la position du centre de gravité du système oscillant au-desse de l'axe central du fléau et dont l'oscillation et la sensibilité sont indépendantes de la charge. Dans une telle balance, si le centre de gravité est bas le fléau a une disposition naturelle à être stable dan sa position horizontale et à y revenir s'il en est écarté. Si l'on élève la position du centre de gravité, les mouvements d'oscillation sont plus lents et la sensibilité augmente. On peut le vérifier à l'aide de l'expérience suivante. Sur une balance neuve, on place deux poids égaux, de 100g par exemple sur le contrefléau. On voit l'oscillation devenir plus lente et la sensibilité augmenter. Si l'o place sur le contrefléau deux poids plus lourds, 200g ou plus si c'est nécessaire, la balance devien folle. Ce qui montre bien que l'oscillation et la sensibilité varient avec la position du centre de gravité.

# CHAPITRE VIII

## Règlementation

Circulaire ministérielle du 22 mai 1855 (Extraits). — L'oscillation devra être parfaitement régulière, quelle que soit la place qu'occuperont les poids sur les plateaux, pendant le mouvement d'oscillation, les tiges devront être libres dans leur jeu et n'éprouver aucun frottement qui puisse rendre la balance sourde après quelques jours d'usage.

Circ. Minelle du 15 octobre 1855. — Les fléaux et autres pièces du mouvement seront préférablement en fer forgé; mais ils pourront être en fonte, pourvu que cette matière soit suffisamment malléable pour recevoir l'empreinte du poinçon de vérification.

Circ. Minelle du 23 juin 1863. — Les balances Roberval devront être construites de manière à ce que la différence de niveau entre les deux plateaux, l'un étant entièrement abaissé, soit égale au dixième de l'écartement du centre de ces plateaux.

Circ. Minelle du 25 avril 1868. — On peut admettre pour la confection des couteaux du contrefléau et des pièces sur lesquelles ils agissent, au lieu et place de l'acier proprement dit, l'emploi de la fonte malléable, à la condition qu'elle soit, dans les parties agissantes, transformée en acier par la cémentation et trempée et de dimension et qualité suffisantes pour faire un bon usage.

Circ. Mlle du 11 avril 1894. — Les balances Roberval et de tout autre système analogue ne pourront être admises à la vérification première, qu'autant qu'elles seront munies de plateaux dont le diamètre sera au moins égal aux deux tiers de la longueur totale du fléau. Les plateaux seront, en outre, construits de telle sorte que le vérificateur aura toute facilité pour placer les poids non seulement au centre, mais encore aux extrémités les plus éloignées.

Toute balance Roberval dont l'index oscillera le long du socle, la pointe en bas, devra être munie de deux aiguilles, disposées symétriquement de chaque côté du fléau chef.

Une balance sera reconnue suffisamment sensible, lorsque l'addition de la deux millième partie du poids placé dans l'un des plateaux lui fera parcourir la moitié de sa course vers son support. Toute balance présentée à la vérification première doit être entièrement montée.

L'instrument ne doit pas s'écarter des formes usitées et il ne doit offrir dans sa construction aucune disposition différente de celle des modèles autorisés.

La balance doit porter l'indication de sa force sur le socle, ainsi que la marque du fabricant sur le fléau. Une place nette, bien polie, doit être réservée sur l'un des bras du fléau pour l'apposition du poinçon primitif et une goutte d'étain ou de plomb, destinée à recevoir le poinçon de marque annuelle, sera placée sur l'une des parties fixes de la balance; cette goupille devra être rivée des deux côtés au moyen d'une bouterolle.

La balance doit avoir le trait réglementaire, soit le dixième de la distance des centres des plateaux.

Le fléau, dépouillé des plateaux et des croisillons, doit conserver son équilibre; les croisillons seront de même poids, ainsi que les plateaux.

Les bouts des pièces de support doivent être recouverts par un seul chapeau de même étendue; il est interdit d'y ajouter d'autres plaques de tôle superposées pour équilibrer l'instrument.

Les couteaux du fléau et leurs coussinets doivent être en acier trempé et poli.

Les autres pièces du mouvement seront tout au moins en fonte malléable, et, dans les parties soumises à frottement, la fonte devra être cémentée, trempée et polie.

Les coussinets doivent être bien enchassés dans les pièces de support, de manière que les couteaux ne puissent s'engager entre la pièce et le coussinet.

Les pièces dites d'arrêt ou de ressort ne gêneront pas le mouvement de la balance, et elles ne serviront ni ne nuiront à la justesse ou à la sensibilité.

Les tiges de support reposeront sur le socle quand elles seront au bas de leur course et non sur la table où se trouve la balance.

La force des organes doit être bien en rapport avec la portée maxima de la balance.

Le vérificateur procédera à l'examen de la justesse et de la sensibilité en se servant de charges se rapprochant autant que possible du maximum de la portée de la balance.

# CHAPITRE IX

## Vérification de la Balance Roberval

La vérification de la Balance Roberval comprend trois opérations successives:
1° Examen des pièces qui composent l'instrument pour s'assurer de leur bonne façon;
2° Vérification du montage de la balance pour s'assurer que les pièces jouent bien les unes sur les autres;
3° Vérification des qualités de stabilité, justesse, oscillation et sensibilité.

### 1° Examen des éléments constitutifs de la Balance

a) Démontage de la Balance — Pour vérifier les pièces, il faut démonter la balance.

La première préoccupation est de s'assurer si les pièces sont repérées, c-a-d si elles portent une marque permettant de reconnaître celles qui se montent à droite et celles qui vont à gauche.

Le fléau porte sur son bras droit, ainsi que nous l'avons expliqué page 30, un nombre en chiffres romains. Ce nombre est répété généralement sur le bras droit du contrefléau et sur la colonne de la traverse droite. Quelques maisons se contentent d'un coup de lime sur l'extrémité de droite du contrefléau, sur le pied de la colonne de droite et sur la fenêtre correspondante.

Quand ces signes n'existent pas, il faut avoir soin de les mettre avant démontage ainsi que sur les chapeaux de droite de la traverse, soit à la lime, soit simplement à la craie.

Ensuite le vérificateur renverse la balance en l'appuyant sur ses croisillons. Saisissant entre le pouce et l'index la tige de gauche, il dévisse avec un tournevis tenu dans la main droite la vis qui retient la fenêtre de gauche. Généralement la fenêtre sort facilement. Si la fenêtre résiste, une légère pression avec l'extrémité du tournevis engagé sous la fenêtre suffit à l'enlever. La fenêtre retirée est mise dans un plateau et la vis est remise en place dans le trou taraudé de la fenêtre.

Même opération avec la fenêtre de gauche.

La balance est ensuite retournée dans sa position normale, l'inscription du socle en dessus.

Puis on démonte le chapeau d'avant de la traverse de droite. Le chapeau est mis dans le plateau et la vis est replacée dans son trou taraudé sur la traverse.

On démonte ensuite la traverse de droite. Pour cela on tient avec la main gauche le fléau près de son extrémité de droite. Avec la main droite, on fait glisser la traverse sur ses couteaux d'avant en arrière, de manière à dégager le couteau d'arrière de son enfilure. A ce moment, on fait tourner légèrement, sans forcer, la traverse dans le sens des aiguilles d'une montre de manière à dégager complètement le couteau d'arrière de la traverse. Il ne reste plus qu'à rapprocher légèrement la traverse vers le devant de l'appareil pour dégager le couteau d'avant de son enfilure. La traverse est ainsi complètement dégagée de son axe de bout et peut être retirée. Même opération à gauche.

Le fleau reste seul sur le socle. Pour l'enlever, on dévisse le chapeau avant du support et sans retirer complètement la vis on fait basculer le chapeau, de manière à découvrir l'axe du fleau. Le fleau s'enlève aisement.

Il existe quelques types de fenêtres qui gênent parfois la sortie des traverses: Quelquefois il faut tourner la traverse d'un certain angle pour qu'elle sorte de sa bobine. Ce sont des cas d'espèces qui ne peuvent être énumérés tous ici, mais qu'on apprend à connaître à l'usage.

b) Remontage de la balance — Le remontage se fait dans l'ordre inverse du démontage.

On commence par faire l'enfilage des traverses sur le fleau, puis on les assujettit en place en fixant les chapeaux des deux traverses. Puis on place le système formé par le fleau et ses traverses sur le socle en introduisant les colonnes des traverses dans les bobines du socle et l'axe central du fleau sur le ~~st~~ support. L'axe du fleau est recouvert par ses chapeaux.

Retournant la balance sens dessous dessus, on place le contrefleau, les deux couteaux de la paillette entre les branches du chevalet, l'extrémité des tiges dans les mortaises des plaques de bout du contrefleau. Les fenêtres sont mises en place et fixées par leur vis.

c) Examen des pièces. — Le socle d'une balance doit être stable, c'est à dire que, placé sur une surface plane, bien dressée, il ne doit pas être boiteaux. Son épaisseur doit être régulière et il doit présenter à sa partie supérieure, au droit du trou par où passe le goujon qui lie le chevalet au support, un renforcement pour éviter qui se fêle au serrage du support.

On s'assure que le socle n'est pas fêlé, ce qui pourrait ne pas apparaître sous la peinture, en le tenant suspendu par son support et en frappant sur le métal avec un objet dur, la lime par exemple. Le socle doit rendre un son méttallique bien net; si le socle est fêlé, on l'entend. — Les quatre pieds du socle doivent être solides pour résister aux chocs.

Le support doit présenter une base assez large pour offrir une résistance au dévissage. On s'assure que le support est solidement vissé, en le saisissant à pleine main, et en lui imprimant un ~~mouvement~~ effort énergique de dévissage dans le sens inverse des aiguilles d'une montre. Le support doit résister à cet effort.

Les deux coussinets doivent être solidement enchassés dans les têtes du support. Leur face extérieure doit affleurer la joue du support. Bien enchassés dans leurs enfilures taillées en queue d'aronde, ils ne doivent pas pouvoir sortir du côté de la face intérieure de la tête du support. Aucun vide ne doit exister, sous le coussinet entre le coussinet et l'enfilure. Les fonds des deux gorges des coussinets doivent bien se dégauchir et se trouver ainsi sur une même ligne droite.

On vérifie la trempe des coussinets à l'aide d'une lime tiers-point ou queue de rat. La lime ne doit pas prendre sur le metal des coussinets.

Les chapeaux doivent avoir une épaisseur suffisante pour résister aux pressions des couteaux du fléau, ils doivent bien recouvrir les joues du support, sans pouvoir tourner autour de la vis de liaison.

Le chevalet doit être solidement fixé au socle. S'assurer notamment que le goujon qui le retient traverse toute l'épaisseur de l'embase du chevalet. Les deux branches doivent être suffisamment fortes, leurs faces butant contre les ailettes de la paillette du contrefléau étant bien dans un même plan, perpendiculaire à l'axe longitudinal de la balance. On s'assure de la trempe à l'aide de la lime.

Vérifier si la goutte de plomb destinée à recevoir le poinçon annuel est bouterollée en dessous et ne s'enlève pas à la main. - Vérifier aussi si l'index haut est solide et bien fixé par deux vis sur le support. Il faut préférer les index dont les pattes sont percées de deux trous pour laisser passer les vis d'assemblage, à ceux dont les pattes sont formées de deux fourchettes entre lesquelles se placent les vis d'assemblage: les index à fourchettes s'enlèvent trop facilement.

Un bon fléau doit être épais, surtout aux trois points où s'enchassent les trois axes. Les deux collets doivent garder une force suffisante pour résister aux chocs.

L'aiguille doit être solide et bien vissée sur le chef du fléau. Si le fléau porte des aiguilles basses, il doit y en avoir une de chaque côté solidement fixée.

Les trois axes doivent avoir une section suffisante pour porter la charge qu'ils peuvent recevoir sur la balance (Voir à la fin le tableau des sections-types). Les axes doivent être bien enchassés dans le fléau. Pour s'en assurer, dans la main, le fléau par un des axes extrêmes et on frappe avec la lime, quelques coups sur les autres axes: le son rendu doit être pur, sans bruit de fêlure. S'assurer qu'au forçage des axes dans les deux extrémités ou l'écusson du fléau, celui-ci ne s'est pas fendu, ou, si la fente a été brasée, que la soudure est solide.

Les deux couteaux d'un même axe doivent être en ligne droite. L'extrémité du couteau doit être taillée en cône (fig 33) avec un angle d'inclinaison de 60° au moins.

Pour vérifier la trempe, on appuie le couteau sur une table, puis tenant la lime dans la main, le doigt allongé sur le plat, on donne quelques coups de lime. Le couteau ne doit pas être attaqué. Remarquer qu'il n'est pas nécessaire que le couteau soit trempé sur toute son épaisseur, car ainsi il serait trop fragile: il suffit qu'il le soit du côté du taillant sur la moitié de sa hauteur. Dans les couteaux pourvus d'une mise d'acier, celle-ci seule trempe. On s'aperçoit d'ailleurs facilement qu'il y a une mise d'acier à ce que la partie en acier trempé a une teinte plus claire que la partie en fer.

Les traverses en fonte doivent avoir leurs parties assez fortes pour supporter la charge à porter par chaque plateau. Les joues doivent être suffisamment épaisses pour que les coussinets y soient solidement enchassés. Les enfilures doivent être assez larges pour que les couteaux y aient leur libre jeu, sans exagération. S'assurer qu'à leur extrémité les coussinets ne présentent pas un ressaut (fig 132) sur lequel l'arête du couteau viendrait se coincer.

Coussinet bien monté — Coussinet mal monté

fig 132

Les colonnes sont le plus souvent en fonte. Elles doivent avoir un diamètre suffisant. Certains fabricants font leurs colonnes en fer. Dans ce cas, on s'assure que l'assemblage de la colonne avec le reste de la traverse est invariable. On le reconnaît généralement en suspendant la traverse par la bande et en frappant légèrement sur la colonne. Au son, on est fixé.

Certains fabricants font leurs traverses en fer découpé. Bien s'assurer que les diverses pièces sont assez résistantes pour que la traverse ne se déforme pas à l'usage et bien assemblées.

La fenêtre doit être solidement tenue au pied de la colonne en deux points : en haut par un assemblage à queue d'aronde sous un tenon taillé dans la colonne, en bas par la vis. Deux butées, appuyées de chaque côté de la colonne, doivent empêcher la rotation autour de la vis d'assemblage. Vérifier la trempe de la fenêtre comme celle des couteaux.

Les deux chapeaux ou contreplaques doivent coller exactement sur la joue de la traverse.

Le crochet doit être solidement assemblé. Le mieux c'est quand les deux branches sont soudées à chaud l'une à l'autre ; en tout cas l'assemblage doit être invariable. Le goujon fileté doit être assez long pour traverser toute l'épaisseur de la bande.

C'est le moment de s'assurer que le plateau a bien le diamètre minimum fixé par la circul du 11 avril 1894 : les $\frac{2}{3}$ de la longueur du fléau, et, lorsque le diamètre est supérieur à ce minimum, que les conditions de stabilité indiquées page 55 sont respectées, c-à-d que l'on peut écrire l'inégalité :

$$\tan\frac{\alpha}{2} < \frac{l}{c}$$

dans laquelle $\alpha$ représente l'angle du coussinet, $l$ la long. de la tige, $c$ le rayon du plateau.

Un contrefléau doit être épais pour éviter les flexions si nuisibles à la justesse.

La paillette et les deux plaques de bout doivent être solidement fixées au levier, chacune par deux rivets. Les arêtes des couteaux des plaques rivées doivent être rectilignes et perpendiculaires à la longueur du contrefléau. Les trois couteaux, celui du milieu et ceux des extrémités doivent être dans un même plan. On s'assure de la trempe comme il a été dit ci-dessus.

Remarque. – Cette vérification détaillée des pièces après démontage ne peut se faire que lorsqu'il s'agit d'un petit nombre d'instruments. Dans les centres de fabrication, où il faut procéder à la vérification d'un grand nombre de balances, on ne peut évidemment procéder au démontage de toutes les balances. On a, dans ce cas, recours à un examen rapide et sommaire, mais dans tous les cas minutieux, de toutes les pièces, sans les démonter. C'est une question de longue pratique et de haute conscience. Mais il ne faut pas manquer de procéder, de temps à autre, et aussi souvent que possible, à un démontage complet des instruments.

## 2°. — Vérification du Montage des Pièces

L'examen des pièces est suivi de la vérification du montage de la balance, pour s'assurer que les pièces jouent bien les unes sur les autres.

Le fléau doit osciller librement entre les six chapeaux qui l'emprisonnent, mais sans que le jeu soit exagéré. Dans le mouvement d'oscillation à fond de course les côtés des couteaux ne doivent pas venir toucher contre les parois des enfilures et des coussinets.

Le contrefléau ne doit pas être bridé dans son mouvement entre les branches du chevalet et aux extrémités entre les fenêtres et les pieds des colonnes. - S'assurer que les colonnes ne viennent pas toucher la table: il doit toujours rester quelques millimètres entre la table et le pied des tiges.

C'est le moment de s'assurer que la balance a le trait réglementaire, lequel est le $\frac{1}{10}$ de la longueur du fléau. Pour cela on procède ainsi qu'il est indiqué page 29.

Certaines balances portent sur le socle deux butoirs placés l'un à droite, l'autre à gauche, sous le fléau. Aux termes des instructions, ces butoirs ne doivent pas arrêter le fléau, qui, à fond de course, doit venir reposer sur la poupée par le bourrelet de la traverse.

L'aiguille haute ne doit pas frotter contre son index fixe et elle doit être tenue à une hauteur telle que sa pointe soit à un demi-centimètre environ au-dessous du sommet de l'index.

Les aiguilles basses doivent être solidement vissées sur le fléau et ne pas frotter contre le socle.

## 3°. — Épreuve des qualités de la balance.

La première opération à faire est la vérification du tarage de la balance. À vide, et pourvue de ses croisillons, sans plateaux, la balance doit être en équilibre, fléau horizontal. On dévisse ensuite les croisillons pour s'assurer que l'instrument, dépourvu de ces deux pièces reste encore en équilibre, ce qui est une prescription réglementaire.

Le dévissage des croisillons est une opération délicate, laquelle, mal faite peut fausser le fléau. Pour dévisser un croisillon, on place la main droite le dos en dessous, les trois doigts contre la joue droite de la face avant de la traverse, le pouce contre la branche avant du croisillon, la main gauche, le dos en dessus, le pouce contre la joue gauche de la face arrière de la traverse, les trois doigts contre la branche arrière du croisillon. Dans cette position, soulevant légèrement la traverse de manière qu'elle ne porte pas sur ses couteaux, on plie les trois doigts des deux mains en serrant contre le pouce. Le croisillon se trouve entraîné dans le sens inverse des aiguilles d'une montre et se dévisse sans que l'axe extrême éprouve aucune pression.

Un procédé défectueux de dévissage qu'emploient beaucoup de personnes inexpérimentées consiste à placer une main sur le socle pour tenir la balance et avec l'autre de tourner le croisillon jusqu'à ce qu'il se dévisse. Dans ce cas c'est l'axe de bout qui fait résistance, et, sous l'effort de la main, cet axe se fausse.

Le vissage doit être opéré de la même façon qu'il a été dit plus haut pour le dévissage, en changeant simplement la position des mains. On place la main droite le dos en dessus, le pouce contre la joue droite de la face arrière de la traverse, les trois doigts contre la branche arrière du croisillon, la main gauche le dos en dessous, les trois doigts contre la joue gauche de la face avant de la traverse, le pouce contre la branche avant du croisillon. On soulève légèrement la traverse pour la dégager de l'axe et on serre le pouce contre les doigts, ce qui a pour effet de faire tourner le croisillon dans le sens des aiguilles d'une montre, jusqu'à ce qu'il soit vissé à fond. – Nous insistons particulièrement sur l'importance du vissage des croisillons. La plupart des balances neuves qui sont présentées aux bureaux de vérification faussées sur le fléau, l'ont été au vissage des croisillons par des personnes inexpérimentées.

Pour la vérification de la balance on se sert de masses ayant un faible diamètre. Les meilleures masses sont des poids en cuivre ou des masses en fonte ayant même forme. Les masses en forme de poids en fonte ont un trop grand diamètre et leur champ de déplacement sur les plateaux est trop limité.

La balance étant pourvue, pour la vérification, de croisillons et plateaux ayant un diamètre au moins égal aux $\frac{2}{3}$ de la longueur du fléau, ainsi qu'il est prescrit par les instructions, on place deux masses égales sur le milieu des plateaux. Dans cette première position l'équilibre doit subsister.

Épreuve de la sensibilité. – C'est le moment de vérifier la sensibilité avant de continuer l'épreuve de l'exactitude. Il ne faut pas oublier en effet que l'exactitude d'une balance est une qualité relative. Une balance peu sensible peut paraître juste sous des charges présentant des différences notables, et inversement une balance très sensible peut paraître inexacte sous des charges beaucoup plus voisines, et c'est cependant la seconde qui est le plus juste. De là la nécessité de connaître le degré de sensibilité de l'instrument pour apprécier son degré d'exactitude.

De plus l'épreuve de sensibilité permet de reconnaître immédiatement s'il existe des défauts de construction que l'examen préalable n'a pas révélés, si par exemple le mouvement est bridé quelque part, si les bras de fléau ne sont pas exactement égaux. Ce dernier défaut se reconnaît tout de suite; pour cela, on place la surcharge successivement à côté de chacune des charges; si l'inclinaison est plus accentuée d'un côté que de l'autre il y a bien des chances pour que le fléau soit mal réglé ou, comme disent les balanciers, qu'il ait de la jauge.

Il est bon de faire l'épreuve de sensibilité à haute et à basse charge. Si l'on ne fait qu'une épreuve, la faire à charge moyenne.

Épreuve de l'oscillation. – L'épreuve des qualités d'oscillation se fait au cours des opérations tendant à reconnaître la justesse de la balance. Toutes les expériences indiquées plus loin pour reconnaître si la balance est exacte doivent se faire, non au point mort c-a-d la balance étant arrêtée dans sa position d'équilibre, mais elles doivent se faire en laissant la balance osciller librement autour de son axe central. De cette façon on peut reconnaître aisément si la balance est oscillante dans toutes les positions occupées par la charge sur les plateaux et de plus, on dégage en quelque sorte la balances de toutes les entraves et notamment des frottements qui pourraient masquer certains défauts d'exactitude en quelques positions des charges. Nous ne saurions trop insister sur l'importance de cette règle : ne jamais faire la vérification d'une balance au point mort.

Épreuve de la justesse sur le fléau – Le fléau doit être ajusté avec le plus grand soin, car la moindre différence dans la longueur des bras du fléau nuit à la justesse, non seulement lorsque les masses sont placées sur le fléau, mais aussi lorsqu'elles sont placées sur les fenêtres ou sur le contrefléau.

A B C
D E F
fig. 133

Pour vérifier l'exactitude du fléau on place d'abord les deux masses égales au dessus des extrémités avant des axes extrêmes du fléau, c-a-d en D et F (fig 133); puis on reporte la masse de droite en C en laissant celle de gauche en D. enfin on glisse celle de gauche en A en laissant celle de droite en C. Dans ces trois positions successives, la balance oscillant, l'équilibre doit exister. Inutile de faire l'épreuve en A et F.

Quand la balance oscille, on reconnaît que l'équilibre existe si l'aiguille s'écarte d'une même quantité à droite et à gauche de l'index fixe. S'il y a doute on laisse la balance s'arrêter.

Épreuve de la justesse sur les traverses – Le fléau étant reconnu exact on vérifie si les deux traverses ont la même longueur. Pour cela on porte successivement les masses égales en G et J

G H K I J
fig. 134

puis en H et I (fig 134) la balance étant en oscillation. Aucune chute ne doit se produire dans ces deux positions des charges.

Remarquons que si la balance a été au début reconnue très sensible on pourrait accepter de légères chutes sur les traverses, ne dépassant pas moitié de la tolérance c-a-d telles que dans la position la plus défavorable la différence de hauteur des deux plateaux ne dépasse pas le 1/4 de la course totale, cela afin de ne pas décourager les ajusteurs qui à la demande des vérificateurs donnent une grande sensibilité à leurs instruments. Les balances d'ailleurs, vérifiées au point mort, ne donnent généralement aucune chute sur les fenêtres ni sur les tiges. –

Bien s'assurer que les fenêtres sont solidement assujetties au pied des tiges. Si peu qu'elles puissent bouger, ce dont on s'assure à la main, la balance donne des chutes sur les traverses.

Épreuve du parallélisme du fléau et du contrefléau. — Il ne reste plus qu'à faire l'épreuve de justesse en plaçant les masses sur le contrefléau, c-à-d successivement en G et I puis en H et J.

G H I J

fig 135

Dans ces positions si la balance se tient en équilibre c'est que le contrefléau est exactement parallèle au fléau. Si les deux masses étant en G et I le plateau de gauche s'abaisse on dit qu'il y a chute en dehors, si c'est le plateau de droite qui s'abaisse on dit qu'il y a chute en dedans.

La chute en dedans ne doit jamais être tolérée, pas plus d'ailleurs que la chute en dedans d'un côté et la chute en dehors de l'autre. Mais pour les raisons exposées à la Remarque de la page 47 nous pensons qu'on doit tolérer et même demander une chute en dehors, égale de chaque côté et telle que la surcharge représentant la tolérance ramène la balance en équilibre.

Épreuve de la Stabilité. — L'épreuve de la stabilité, comme celle de l'oscillation, se fait au cours des épreuves de justesse. — Lorsque les masses sont en A et C ou en D et F (fig 136) si le socle est trop étroit la balance a tendance à se renverser latéralement. Il en est de même si les trois axes du fléau sont trop courts.

A B C K G H I J L D E F

fig 136

Pour reconnaître si la balance n'a pas tendance à décrocher, ce qui se produit notamment lorsque l'angle d'ouverture des coussinets des traverses n'a pas été calculé ainsi que nous l'avons expliqué page 55, on place les poids sur les fenêtres, c-à-d en G et J et on fait osciller vivement l'instrument ; s'il y a décrochage, il se produit une chute nette en dehors à droite ou à gauche.

L'épreuve est encore plus décisive en plaçant les masses en K et L. Pour les raisons indiquées pages 61 et 62 le décrochage est très accentué si les coussinets n'ont pas une ouverture rationnelle ou si les axes extrêmes sont trop courts.

Quelques détails de construction. — Certaines Roberval portent des butoirs plantés sur le socle et destinés apparemment à servir d'appui au fléau lorsqu'il est à fond de course. Aux termes des instructions la hauteur des butoirs doit être réglée de manière qu'ils ne soient jamais touchés par le fléau. Ces butoirs deviennent ainsi inutiles.

Il en est de même des ergots ou ardillons (fig 137) que portent les fléaux de certaines balances et destinés à empêcher le décrochage. Comme ces organes ne doivent pas gêner le jeu du fléau, on est obligé de tenir leur pointe à distance de la traverse et en fait ils ne jouent aucun rôle.

Ardillon

fig 137

De même sont interdites les pièces formant ressort notamment celles qu'on mettait autrefois sous les pieds des tiges dans les socles en bois.

Signalons un artifice courant, non interdit, pour faciliter l'oscillation. Les croisillons sont légèrement cintrés de manière à laisser un intervalle entre le centre du plateau et la tête du goujon du croisillon. Lorsque, en oscillant, la traverse choque par son bourrelet contre la bobine, le plateau et le croisillon font ressort et la masse rebondit et l'oscillation continue. Si au contraire, le plateau était collé contre le croisillon, le choc couperait net l'oscillation.

*Plateaux spéciaux.* - Les instructions précisent que les balances présentées à la vérification première doivent être pourvues de plateaux dont le diamètre soit au moins égal aux 2/3 de la longueur du fléau: c'est le plateau normal.

Mais beaucoup de clients demandent des plateaux d'un diamètre différent, qu'on substitue aux plateaux normaux ayant servi à la vérification. Il est évident que si les plateaux spéciaux ont un diamètre inférieur à celui du plateau normal, il n'y a aucun inconvénient à le faire: au contraire la stabilité est mieux assurée. Mais si les plateaux substitués ont un diamètre supérieur à celui qui a servi à la vérification, c'est une contravention qui tombe sous l'application des lois répressives, surtout si l'ouverture du coussinet n'est pas calculée de manière qu'avec les nouveaux plateaux on puisse écrire l'inégalité indiquée plus haut, et qui est essentielle pour assurer la stabilité : $\tan g \frac{\alpha}{2} < \frac{l}{e}$

*Poinçonnage des balances.* — Le poinçonnage des balances est une opération assez délicate. S'il est mal fait, il peut fausser le fléau et égrener les couteaux. Pour bien faire cette opération voici comment on procède.

fig 138

On dispose d'un tas assez haut (fig 138) et de surface étroite, enfoncé dans un tasseau en bois reposant sur une dalle en pierre.

Un aide prend la balance à deux mains une à chaque extrémité du socle et incline la balance de manière que le fléau soit en avant, les faces latérales bien horizontales. Avec l'index de chaque main engagé sous le bourrelet des traverses, l'aide soulève les deux traverses et le fléau de manière à bien dégager les six couteaux du fléau de leurs coussinets. Dans cette attitude il place le fléau sur le tas, la partie destinée à recevoir le poinçon bien appuyée sur le tas. - Le vérificateur placé de l'autre côté du tas, présente son poinçon sur le fléau, l'assujettit bien, puis avec le marteau il frappe de légers coups pour s'assurer que le fléau appuie bien sur le tas ce qui on reconnaît au son rendu; quand le tout est bien assujetti, il frappe un coup sec, pas trop fort.

Il est toujours bon de faire, quand on le peut, une révision rapide des balances poinçonnées pour s'assurer qu'elles n'ont pas été égrenées ou faussées.

Le poinçonnage à la presse, bien fait, n'a pas les inconvénients du poinçonnage au marteau.

Tableau indiquant les dimensions normales des pièces des balances Roberval, dans les fabrications courantes.

| Force des Balances | Longueur du Fléau L | Diamètre des Plateaux D | Longueur des axes du fléau / Hauteur des traverses / Longueur de base des Socles 3/5 de D | Profil de l'axe central du fléau | Profil des axes extrêmes du fléau | Profil du Contrefléau | Profil des coussinets en V | Épaisseur des fenêtres et plaques du contre-fléau | Épaisseur des chapeaux | Poids minimum des Fléaux bruts |
|---|---|---|---|---|---|---|---|---|---|---|
| 1/2 kilog | 180 m/m | 120 m/m | 72 m/m | 7 x 3 m/m | 7 x 3 m/m | 3 x 2 m/m | 4 x 2 m/m | 2 m/m | 1 m/m | 100 g |
| 1 — | 210 | 140 | 84 | 7 x 4 | 7 x 3 | 8 x 3 | 4 x 2 | 2 | 1 | 125 |
| 2 — | 240 | 160 | 96 | 10 x 5 | 8 x 4 | 9 x 3 | 4 x 2 | 2 | 1 | 150 |
| 3 — | 270 | 180 | 108 | 10 x 5 | 9 x 5 | 10 x 4 | 6 x 3 | 2 | 1,5 | 235 |
| 5 — | 300 | 200 | 120 | 12 x 6 | 10 x 5 | 12 x 4 | 6 x 3 | 2,5 | 1.5 | 300 |
| 10 — | 330 | 220 | 132 | 12 x 7 | 12 x 6 | 13 x 5 | 7 x 3 | 2,5 | 1.5 | 400 |
| 15 — | 360 | 240 | 144 | 13 x 8 | 12 x 7 | 13 x 5 | 7 x 3 | 2,5 | 1.5 | 500 |
| 20 — | 390 | 260 | 156 | 15 x 9 | 13 x 8 | 14 x 6 | 8 x 3 | 2,5 | 1.5 | 600 |
| 25 — | 420 | 280 | 168 | 15 x 9 | 14 x 8 | 14 x 6 | 8 x 3 | 2,5 | 2,00 | 750 |
| 30 — | 450 | 300 | 180 | 16 x 10 | 15 x 9 | 16 x 6 | 9 x 3 | 3 | 2,00 | 1000 |
| 40 — | 480 | 320 | 192 | 18 x 10 | 15 x 9 | 16 x 6 | 9 x 3 | 3 | 2 | 1300 |
| 50 — | 520 | 340 | 204 | 20 x 12 | 16 x 10 | 18 x 7 | 12 x 4 | 3 | 2 | 1750 |

## Observations

La plupart des maisons de fabrication construisent des balances dites Ménagères. Ce sont des balances dont les pièces ont les longueurs des pièces des balances de la force immédiatement inférieure à celle qui est portée sur leur socle. - Ces balances ne peuvent pas être refusées à la vérification pas plus que celles qui ont des dimensions différentes de celles données au tableau ci-dessus, si elles ont la résistance, la stabilité, la justesse et la sensibilité prescrites par les Règlements.

www.ingramcontent.com/pod-product-compliance
Ingram Content Group UK Ltd.
Pitfield, Milton Keynes, MK11 3LW, UK
UKHW022119260726
13993UKWH00003B/1113